30歳から
ゴルフを始めた
賞金王

寺西 明

はじめに

こんにちは。プロゴルファーの寺西明です。この本では、ボクがゴルフを始めてから54歳で賞金王になるまでに、実際にやってきたこと、感じてきたことを正直にさらけ出していきたいと思います。

ボクがゴルフを真剣に始めたのは30歳になる直前です。その頃のボクは、経済的にも時間的にも、決して余裕のある状況ではありませんでした。そこからボクは、ゴルフ雑誌などの情報を頼りに、試行錯誤を繰り返し、自己流でゴルフを習得してきました。

ときには、球が曲がってどうしようもなくなることもありましたし、思うようなプレーができず、自分を責めた夜も数多くありました。また、たった1打のミスで大事な試合を失い、失望に暮れた日々もあります。

そうやって、みなさんと同じように悩んで、悩んで、その度に考えて、考え抜いて、ひとつひとつ答えを出し、ボクは今にたどり着いています。

その経験は、忙しくて時間のないビジネスマンの方にも、大人になってからゴルフを始めた方にも、長年ゴルフに伸び悩んでいる方にも、きっと参考にしていただけるものだと思うのです。

この本の内容は技術的な話が中心になりますが、その言葉の裏には、ボクがやってきたことへの思いもあるし、ボクがゴルフに出合って変わったもの、ゴルフそのものへの思いなど、言葉では伝えきれないものもあります。そんな気持ちが込められていることを感じ取ってもらえたら、ボクは嬉しく思います。

寺西明（プロゴルファー）

目次

第3章 ゴルフは止まったらおしまい ～スウィング編～

第4章

147 ショートゲームがスコアの要 ～パット＆アプローチ編～

構成
大菊希典
デザイン
小森マサト
イラスト
北谷しげひさ
写真
岡沢裕行、増田保雄、西本政明
取材協力
六甲国際ゴルフ倶楽部

第1章

こうしてボクは30歳からプロになった

寺西明がゴルフを本格的に始めたのは、30歳になる直前。
そこから49歳でプロテストに合格するだけでも非凡と言えるが、
シニアツアーに参戦した彼は、
並みいるスタープレーヤーを押しのけて、
賞金王にまで上り詰めている。
なぜ、それほどまでに早く上達できたのか？
彼の半生を追ってみたいと思う。

野球に夢中だった少年時代

ボクが本格的にゴルフを始めたのは、30歳になる直前でした。そこからゴルフ雑誌の記事を頼りに自己流でスウィングを作り、試行錯誤を繰り返して、気がつけば2年目にはシングルクラスに。40代半ばにはアマチュア競技でタイトルが取れるようになっていました。日本アマに初めて出場したのが42歳。関西アマを制したのが48歳。プロテストに合格したのは49歳のことです。

この話をすると、「なんでそんなに早く上手くなれたんですか?」と聞かれます。しかし、ボクもみなさん同様、さまざまなことに悩み、遠回りをしながらここにたどり着きました。そこで、まずはボクがプロになるまでにどんなことをしてきたかをお話ししたいと思います。

ボクが本格的にゴルフを始めたのは大人になってからですが、それ以前にもクラブを握る機会はありました。ボクは5歳から野球をやっていたので、あれは5歳か6歳の頃やったと思います。叔父がゴルフの練習に行くというので、一緒に連れていってもらったのです。ボクがクラブを握ると、叔父は「きっと当たれへんよ」と言いました。でも、野球の経験が生きたのでしょうか。結構上手いこと打てて、叔父を驚かせたのを覚えています。これがボクとゴルフとの出合いです。

小学生の頃には、同級生の父親のクラブを借りてきて、冬の涸《か》れた田んぼで球を打った記憶もあります。ボクが住んでいた町は田舎だったので、そんなことをしても、誰にも怒られることはありませんでした。

なんでゴルフのプロにならなあかんねん

そんなお遊び程度の経験でしたが、思うような球が打てないのは悔しいものです。中学生の頃には、お小遣いを500円ほど握りしめ、ひとりで練習場に行ったこともあります。

100円でパーシモンのバフィーを借り、テレビで見たプロをイメージして打ちました。最初はスライスばかりでしたが、「あぁ、これで右に行くなら、こんな感じかな」と思って打ったら結構真っすぐ飛ぶようになりました。距離も２００Ｙは出ていたんやないでしょうか。ボクは子供の頃から、運動神経はよかったのです。

周りにいたおっちゃんたちには、「そんなに飛ばせるならプロになれるぞ」なんて言われました。でも、ボクはそんな気にはなれませんでした。家に余裕がなかったこともありますが、当時は、なによりも野球が大切やったからです。

「なんで、ゴルフのプロにならなあかんねん。俺は、甲子園に行ってプロ野球の選手になんねん」

長嶋茂雄さんのファンだったボクは、そう思いました。当時は空手もやっていたので、「野球があかんかったら格闘家になってやる」などと考えていた気もします。

たしかに、野球よりもはるか遠くへ球を飛ばせるゴルフは、とても気持ちがよかったし、楽しいものでした。しかし、だからといって、少年時代のボクが本格的にゴルフを始めることはなかったのです。

「あの日『ならない』と思ったプロゴルファーに、今はなっています」（寺西）

仕事でも一番になりたかった

家が決して裕福でなかったボクは、中学を出た後、高校には通わず、鉄鋼関係の会社に就職しました。今でも、おふくろと食事をしながら「あの頃は貧乏やったなぁ」と話をします。それでもオヤジとおふくろは、自分たちの着るものを辛抱してグローブやバットを買ってくれていたのですから、ホンマにありがたいことです。

会社に入っても、はじめは当然ながら掃除とか組み立てとか、そんな仕事ばかりでした。そんなときボクの気を惹《ひ》いたのが溶接の仕事です。溶接の仕事は給料も高く、鉄鋼では花形やったからです。とはいえ、中学を出たてのボクに溶接の仕事など任されるわけがありません。ボクは先輩に頼み込み、お昼の空き時間などに仕事を教えてもらうことにしました。

どうせやるなら少しでも稼ぎたい。花形になりたい。一番になりたい。負けん気の強かったボクはそう思いました。野球や空手のように、溶接の仕事でも、「あいつは上手いよ。早いよ」と言われたかったのです。その後、ボクはさまざまな仕事に就くのですが、16歳になる頃には溶接の仕事を任されるようになっていました。

ハンマーを振り回した日々とビリヤード

ボクは18歳で、ある人と鉄鋼関係の小さな会社を作り、20歳のときには子供が生まれました。それは仕事に追われる忙しい毎日でしたが、この頃の経験が後のゴルフ人生に大きな影響を及ぼしています。

当時は、朝から晩まで大きく重いハンマーを全力で振り回していました。それは、一日中筋トレをしているのと同じようなものです。そんなことを何年も続けていれば、そこらへんにいる力自慢など比べものにはなりません。その経験があるから今この体があるし、55歳でも300Yの飛距離を出すことができるのです。

そんなある日、家族でボウリング場に行くと、中学の同級生がビリヤードをしていました。当時、トム・クルーズ主演の『ハスラー2』（1986年）という映画が公開され、日本でもビリヤードがブームになっていたのです。仲のよい友人だったので、ボクは少しからかってみたくなりました。

「なんや、そんな辛気臭いもんやって」

口の悪さはお許しください。ボクは、興味があるくせに興味のないフリをして彼に近づきました。そして、「これ、どないして打つねん」「やってみるか?」「おう、やってみるわ」ということになったのです。

微妙な回転が見えるのはビリヤードのおかげ

すると、初めてキューを握ったにも関わらず、ボールが次々と面白いようにポケットに吸い込まれていきます。運動神経には自信がありましたが、そのときは思いのほか上手くいきました。驚いたのは友人です。

「お前、やったことあるんちゃうか?」

「あるか、こんなしょうもないもん。なにが面白《おもろ》いねん?」

照れてそんな言い方をしてしまいましたが、「お前、すごいな!」「才能あるぞ!」と褒《ほ》められて、気分が悪いはずがありません。それがきっかけで、ボクはビリヤードに熱中することになります。元来、好きなことはとことん究《きわ》めたがるボクはメキメキと上達し、いつしか周りからプロになることを勧められるくらいの腕前になっていました。

　このビリヤードの経験もゴルフに直結しています。球を転がす、突く、押す、引く、曲げる。そして、思ったところに止める。そういう訓練をしてきたことで、普通のプロゴルファーには見えない球の回転がボクには見えるし、それがパットにも、アプローチにも、ショットにも生かされていると思うからです。

　みなさんもそうだと思うのですが、大人になってからゴルフを始めた人は、自分が小さい頃にやっていた運動を中心になにかを発想していくものです。ボクの場合は、それが野球や空手、ビリヤードで、いくらゴルフの経験が長くなってきても、その感覚がすべての基準になっているのです。

20代はビリヤードに熱中。一時はプロになることも考えた

会社を立ち上げるためにゴルフを始める

中学を卒業してから20代後半まで、ボクはいろいろな仕事に就きました。その日常は忙しく、まだまだ生活に余裕がなかったことを覚えています。その間、ボクがゴルフクラブを握ることはありませんでした。でも、29歳の頃でしょうか。ビリヤードの先輩に連れられて、打ちっ放しの練習場に行くようになったのです。

当時のボクは若かったし、今よりもはるかにパワーがありました。だから、打ち方はめちゃくちゃでしたが、芯を食ったときの飛距離はとんでもありませんでした。その頃、同い年のジョン・デーリーが注目されていて、その飛距離に世間は沸いていましたが、自分では「同じくらいいちゃうん？」と思ったほどです。

練習場でボクを見ていた先輩も言いました。

「お前、どんだけ飛ぶねん。お前はゴルフをせぇ。そのほうが日の目を見られるぞ」

でも、ボクは答えました。

「いいですわ。お金もかかるし」

当時のゴルフ場は、プレーフィーも高く、高級コースに行くと3〜5万円もすることがありました。練習場で球を打つだけならともかく、ゴルフを始めるなんてとんでもないと思ったのです。

ただ、ボクが29歳の頃は、自分のなかで「変わらないいかん」と感じていた時期でもありました。ビリヤードに限界を感じてやめた直後だったこともありますが、そのとき就いていた仕事も、「このままでは先がない」「なんかせなあかん」と感じていたのです。

ゴルフで人脈を広げよう

30歳になる直前、ボクは決心しました。「独立して会社をやってみよう。そうだ、ゴルフもやってみよう」と。会社を始めるためには、人とのつながりが必須です。でも、学歴のないボクには人脈がありません。そのつながりを作るためにはゴルフが役に立つんやないか。ボクはそう考えたのです。

みなさんにも経験があると思うのですが、初めて会った人でも、ゴルフの話が盛り上がると、あっという間に仲良くなったりするものです。ゴルフは、いろいろな人と知り合う最初のきっかけになりやすいのです。その点、自分は飛ぶから、それだけで魅力があるだろうし、話は盛り上がると、ボクは考えました。

さらに、ゴルファーって高額納税者が多いよな。上場企業のトップの人たちはみんなゴルフやってるよな。ゴルフが上手くなったら、そういう人たちと関係を築けるようになるんちゃうかな。そんな少し甘い考えから、ボクはゴルフを始めることにしたのです。

とはいえ、やると決めたら、とことんやる。ボクにはそういうところがあります。さらに言えば、会社のため、仕事を応援してくれる人のため、同じやるにも手を抜くわけにはいきませんでした。もちろん、ゴルフは面白かったし、楽しかったのですが、自分のなかでは「仕事のため、生活のためにしっかりやらないかん」という気持ちが強かった気がします。

当時は、営業も、溶接も、経理もなにもかも自分でやっていましたが、ほぼ毎日、練習場に通いました。夜まで働いて、午後10時から練習場に行き、帰ってから少し仕事をして、早朝に起きて仕事に行く。そんな生活が3年くらい続いたのです。

自分の感覚を理解してくれるコーチを探そう

　ボクがゴルフを始めて最初にやったことは、本屋に置いてあるゴルフ雑誌をすべて買い込み、そこに書いてあることをすべて試すということでした。プロに教わる時間も余裕もなかったボクは、自力でスウィングを身につけることにしたのです。

　ただ、記事を読むと、(フォローを)体の左へ振れという人もいれば、外に向かって振れという人もいるし、ウィークグリップをすすめる人もいれば、ストロンググリップをすすめる人もいます。当時のボクは、「みんないろいろ言うけれど、自分に合うのはどれなんやろなぁ」と、悩みながら試行錯誤を繰り返していました。

　それは、いま考えればとても遠回りやったなぁと思います。もちろん、遠回りしたからこそ、自分に合うもの、合わないものを判断できるようになったのですが、最初からプロのコーチについていればもっと早く上達できたと後悔しています。もし、これからゴルフを始める人がいれば、ボクは間違いなく「プロのコーチに就きなさい」とアドバイスをするでしょう。

このときに大切なのは、自分の感覚をわかってくれるコーチを探すことです。どんなに評判がよくて人気があっても、自分の感覚を理解してくれない人に教わると、なかなか結果に結びつかないからです。

1回教わっただけではわからないので、最低でも2回。できれば3〜4回は教わって、そのコーチが自分の感覚を理解してくれるかどうか、コーチの言葉や感覚が自分のなかに入ってくるかどうかを見極めてください。

それで、「ちょっと何を言っているかわからないなぁ」と感じるのであれば、自分には合っていないと判断し、自分の悩みや感覚を理解してくれて、コーチの言葉がすんなりと入ってくるようであれば、自分に合っていると判断すればええんやないでしょうか。

最初にお金をかけて学んでおくのと、自己流で試行錯誤を繰り返すのでは、どちらが効率的なのか。それは考えるまでもないはずです。遠回りはムダではありません。でも、ボクは遠回りをしすぎたので、みなさんにはあまり遠回りをしてほしくないなぁと思うのです。

空き時間を見つけては鉄の棒を振り回した

ゴルフを始めた頃、ボクがよくやっていたのは、重い野球のバットや、1キロ以上ある鉄の棒（ヘッドを溶接して付け、グリップを装着したもの）を使った素振りです。これを仕事の現場に持っていき、仕事の前や、お昼の空き時間にブンブンと振り回すのです。

当時、テレビを見ていたら、ビジェイ・シンが同じような重いクラブで練習していて、「なんや、同じようなことをしてるヤツがおるわ」と、ボクは思いました。

基本的に、重いものを振るとパワーがアップするだけでなく、手先の力に頼らない動きが身につきます。スウィングは、あくまで体が先行して動き、クラブが後からついてくることが大切。この感覚を身につけるためにも、重いものを使った素振りは効果的なのです。ボクもゴルフを始めた頃は、みなさんと同じように手打ちに悩みました。それを直すのにも、この練習は役に立ったと思います。

練習は量より質

スウィング作りに関しては、ゴルフ雑誌だけがボクの頼りでした。当時は、「シングルになりたかったらトラック一杯の球を打て」などと言われていたので、できるだけボール代の安い練習場や、打ち放題の練習場へ行って、無闇矢鱈に球を打っていたような気がします。

でも、結局そんな練習はなにもなりませんでした。ボールが出てきたそばから、一心不乱にクラブを振り回し、同じ目標に向かって何十球も打つ。そうすれば、そのうちナイスショットも出るでしょう。でも、そんな練習はストレス解消にはなっても、実戦にはなんの役にも立たないのです。

スウィング作りに関しては第3章でゆっくりとお話ししますが、練習は量より質。ゴルフはたくさん打てば上手くなるというものではないということを理解してください。

「現在は素振り用のスティックを使って素振りをしています」

本番と同じルーティンで打つ

　ボクの初ラウンドのスコアは102。2ラウンド目には100を切ることができました。もちろん、その後も100を打つことはありましたが、上達のスピードはまぁまぁやったと思います。

　とはいえ、その頃スウィング作りのためにやった練習で、みなさんにおすすめできるものは何もありません。当時のボクは正しいスウィングがどんなものなのかもわからず、ただ球をたくさん打っていただけだからです。

　そんなボクを見て、先輩は言いました。

「マットに線が引いてある同じ打席から打つんやから、向きは変わらんかもしれんけどな。それでも必ず1球1球、後ろから目標を確認して打たなあかんで。そのとき、これから打とうとしている球の高さや、弾道をイメージして打たなあかんで」

基本的に、本番では1球しか球を打つことができません。だから、練習場でも1球1球、本番と同じルーティンで、ていねいに打つことが大事だと教えてくれたのです。「ホンマ、そのとおりやな」と思い、ボクは練習の仕方を改めました。

1球ごとに狙いを定め、ボールの後方に立って目標を確認したら、球筋や落とし所をイメージして、本番と同じルーティンで球を打つ。この練習は今でもやっていますし、みなさんにもぜひとも取り入れてもらいたい習慣なのです。

練習場でも、後ろから目標を確認して、ていねいに打つ

試合に出て1打の重みを知る

ゴルフを本格的に始めて1年が過ぎる頃、ボクは70台が出るようになっていました。もちろん、100近く叩くこともありましたが、一発ハマればいいスコアが出るというゴルフをしていたように思います。

会員権など買えなかったので、ラウンドするのはもっぱらフィーの安いパブリックコースでした。それも、ひとりでコースに行き、フロントでキャンセル待ちをして、2人か3人の組に入れてもらい、一緒にプレーをするのです。

先輩からは、「お前、どんな心臓してんねん」と笑われましたが、ボクは早く上手くなりたかったし、当時1万円で回れるコースはそこくらいしかなかったのです。目標を達成するためには恥を恐れないというか、図々しいというか……。昔からそういう度胸だけはあった気がします。

度胸があるといえば、2年目にはもうパブリック選手権に出ていました。野球やビリヤードの経験から、「試合に出な、上手くなれへん」ということがわかっていたからです。

ゴルフが上手くなりたいのであれば、1打の重みを知らんといけません。17ホール頑張ってきても、18番ホールでOBを打ったり、アプローチをミスしたり、ショートパットを外したりすれば、それまで積み重ねてきたものが水の泡になるのがゴルフです。それを経験し、それではいかんということがわかって初めて、改善ポイントが見えてくるのです。

たとえば、ハンディ13～15の頃にめちゃくちゃ飛ばしていた人が、シングルになって飛ばさなくなったというケースがよくあります。それは1打の重みを知ったからです。いくら飛ばしても、曲げてOBを打っているうちはスコアになりません。その怖さを知り、そういうミスをしないためにはどうすればいいのかを考え、そのための練習をすることで、ゴルフは上手くなっていくのです。

そうして競技ゴルフを続けるうちにボクのスコアも徐々にアップしてきました。その頃はJGAのハンディこそありませんでしたが、ゴルフを始めて2年目にはシングルクラスになっていたのです。

セオリーや常識には上達を妨げるものがある

アマチュアゴルファーの8割以上は、スライスに悩んでいると思いますが、ボクもスライスが止まらなくなり、ドライバーイップスになりかけた時期がありました。それはゴルフ雑誌に書いてあった、『インパクトはアドレスの再現である』という言葉を信じ、しこたま球を打っていた頃の話です。

そのプロがどういう意図でその言葉を使ったのかはわかりませんが、インパクトのときにアドレスの形を再現しようとすれば、下半身を止めて腕を振るような動きになります。すると、クラブは外から下りてくるので、スライスが止まらなくなるのは当たり前なのです。

たとえば、ペンで文字を書くときも、ほうきで地面を掃くときも、必ず手元が先行して動き、先が遅れてついてきます。ゴルフのスウィングも同じで、下半身が先行して動き、体に対して腕とクラブが遅れてついてくることが大切なのです。

さらに大切なのは、その動きができたら、決してインパクトはアドレスの形にはならないということです。少し考えればわかることなのですが、その頃のボクは、そんなことにも気づかずにいました。

このように、セオリーとか、常識と言われる言葉のなかには、上達の妨げになるものがあると、ボクは感じています。これについては第3章で触れていきたいと思いますが、プロや上級者が言っているからすべてが正解とは限らないのです。

インパクトは、決してアドレスの形にはならない

やってはいけないミスは絶対に避ける

32歳のとき、ボクは溶接や機械部品の製造、電気製品の組み立てなどを行う会社・㈱明完企工を立ち上げました。2年の準備期間を経て、ゴルフを始めようと思ったあの日の目標を、ひとつ達成することができたのです。会社のため、従業員のため、さらに気を引き締めていこうと心に決めたことを思い出します。

それから1~2年経った頃でしょうか。関西アマに出場したかったので、クラブハンディを取得しました。最初のハンディは3だったと思います。その年ボクは、全日本社会人、関西アマも決勝まで行くことができました。

その関西アマに出たとき、歴代のチャンピオンの方と一緒に回ったのですが、ボクはバーディを7~8つ取ったにもかかわらず、スコアは75でした。ハンディ3になったとはいえ、飛ぶけど曲がる、OBもたくさん打つ、そんな荒いゴルフだったのです。その方とは2日間一緒に回り、最後に「自分（関西弁で『あなた』という意味）、どんなゴルフや！」「面白いなぁ、自分」と笑われたのを覚えています。

当時の関西アマは、日本アマ並みのセッティングでした。ラフはものすごく深いし、ピンポジションはえぐい。でも、だからこそ高い技術が磨かれたのだと思います。いまのボクがあるのはＫＧＵ（関西ゴルフ連盟）のおかげ。あれだけ厳しいセッティングでやらせてくれたことには、本当に感謝しています。

上手い人はミスをしてもパーを取る

ゴルフが上手くなるためには、上手い人と回ることが大切やと思います。レベルによって差はあるでしょうが、そのプレーから学ぶことは、とても多いのではないでしょうか。

ボクが関西アマに出始めた頃、よく一緒に練習やラウンドをしていたのは、今はプロになった小黒貴志くん（05年全日本パブリック選手権優勝など）です。彼は、多くのプロを輩出している水城高校の出身で、当時はアマチュアでプレーをしながらプロを目指していました。

彼のことでよく覚えているのは、ミスをしてもパーを取ってくることです。ボクはミスをするとOBになるのに、彼は曲がっても、ちょっとダフっても、トップしても、球が打ちやすいところにあって、やさしいアプローチが残っているのです。

「曲がるし、ミスもするのに、なんでパーやねん」

ボクは不思議に思いました。でも、彼だけではありませんでした。あるコースのクラブチャンピオンと回ったときも、全然飛ばないし、曲がるのにパーを取ってくるのです。ボクは気づきました。「あぁ、そうか。ビリヤードと同じやな。ミスはしても次が打てるミス。してもいいミスと悪いミスがあるんや」と。

これは、多くのアマチュアがそうだと思うのですが、当時のボクは、「常にナイスショットせなあかん」と考えていました。なまじっかパワーがあって、運動神経がいいものだから、常に100点のショットを打とうとしていたのです。

しかし、プロでもミスをゼロにすることはできません。そんなことは不可能なのです。そんなことをしようとするから、目の覚めるようなショットを打った次のホールで、とんでもなく球を曲げてOBを打ってしまっていたのです。

大事なのは、やってはいけないミスを避けること。そのためには、完璧なショットなどいりません。多少出来の悪いショットでもいいから、やってはいけないミスだけは絶対に避ける。そう考えられるようになることが大切だったのです。

プロがわざわざラフから打つ理由とは？

あるとき、ボクは小黒くんに聞きました。

「ミスしてもあそこに外すのは構わんって思うてるの？」

「うーん。まぁ。そうですね」

やはり彼は、やってはいけないミスを避けるために、小さなミスを受け入れていたのです。それがわかってからは、彼の練習の目的も理解できるようになりました。

競技に出るときには、その試合が行われるコースを知るために練習ラウンドを行います。プロを目指すレベルにな

厳しいセッティングほど、ラフのチェックは入念に行う

プロでもミスを
ゼロにはできない
大事なのは
やってはいけない
ミスを避けることだ

ると、プレッシャーのない練習ラウンドでは、ドライバーはフェアウェイにしか行きません。小黒くんのティーショットもフェアウェイに行くのですが、彼はわざわざ球をラフに置いて打ったりするのです。

これは、本番でフェアウェイを外したときのことを想定した練習でした。プレッシャーがかかった場面で、「左のミスは絶対に避けようと」考えれば、右のラフに入る可能性があります。そのときのために、彼は右のラフの状態や、そこから出る球をチェックしていたのです。

「ははぁ、そうか。ここには行ってもいいなとか、ここへ打ったらあかんなとか、そんなこと考えながら練習ラウンドしとんやな」

それからは、プロの練習ラウンドを見ても、それまでとは違った見方ができるようになりました。プロはみんな、グリーン周りのラフからアプローチの練習をします。それは、試合でそこに外したときのためでもあるし、外していいラフ（寄せやすいラフ）といけないラフ（寄せにくいラフ）のチェックでもあるわけです。

「あぁ、プロはみんなこんなことをしてんねんなぁ。これは俺が勝てんはずや」

若き日のボクは、そこに気づいたのです。

よく見るよろし、よく考えるよろし

やってはいけないミスは絶対に避ける。これに気づいてから、ボクの練習ラウンドは大きく変わりました。小さなノートに手書きでコース図やグリーンを描き、ハザードまでの距離や、そこからグリーンまでの距離などを計測して、行ってもいいところと、いけないところをチェックするようになったのです。

とにかく危険なエリアには「ここはあかん!」と赤い印を入れ、グリーン周りの外してはいけないエリアには×を入れ、安全なエリアには○を入れました。それに加えて、「どこにピンが切ってあっても、このホールは絶対にフェアウェイ右サイドをキープやで」とか、「奥はダメ、速い」とか、そういうポイントは別に書き込んでおくのです。

とくに、グリーンのデータは細かくチェックしました。試合になれば、やはりパットの出来がスコアを左右するからです。グリーンのタテ、横の距離、傾斜の向き、花道から傾斜までの距離など、当時は計測器がなかったので、仲間と手分けをして歩測し、測量をするかのように徹底的に調べたことを覚えています。

コースのチェックをするときに大切なのは、コースを立体的にとらえることです。たとえば、打ち上げのホールで、「ここは＋4Yですよ」と言われても、「いやぁ、そんなには見えへんなぁ」と感じたら、その距離を打つことはできません。この違和感を拭い去るには、自分で測量して、描いて、安全なところと危険なところを色分けし、頭のなかでコースを立体的に把握する必要があります。ノートに書きこむのは、あくまで平面的な図と数字ですが、それをしながらも、ボクの頭のなかではコースを立体的な模型のようにとらえているのです。

ビリヤードの師匠には「よく見るよろし、よく考えるよろし」と、言われました。一見、打つ手がない場面でも、さまざまな方向からよく見て、よく考えれば、いまは見えてない攻略法が見えてくることがあるという意味です。コースを立体的にとらえて攻略していくことは、まさにこの言葉のとおりだと、ボクは感じています。この習慣は今でも続けているのですが、これをするようになってから成績も出るようになったし、本当に強くなれたと思います。

今でもコースメモには、チェックポイントを書き込んでいる

40歳。プロになりたいという衝動に駆られた

32歳で立ち上げた会社は、その後、順調に成長していきました。さらに、ゴルフを通じて人脈も広がり、42歳のときには、ある方の推薦で『明石西ロータリークラブ』（社会奉仕、職業奉仕を行う団体）のメンバーになることもできました。ゴルフは人とのつながりのきっかけになるとは思っていましたが、振り返ると想像以上の出会いの連続でした。すべてはゴルフのおかげ。今は感謝の気持ちでいっぱいです。

その少し前。40歳になった頃やったと思います。ボクのなかに、ある思いが生まれていることに気づきました。それは「プロになりたい」という衝動です。

ボクは、野球も空手もビリヤードもプロになれませんでした。ビリヤードなどは、なろうと思えばなれたのにならなかったのです。けれど40歳を迎え、男として1回くらいはプロというものになってみたくなった。夢を追いかけたくなったのです。

42歳で日本アマに出場してからは、プロと回る機会も増え、その思いはより強くなっていきました。正直、身体能力やパワーで、プロゴルファーに負ける気はしなかったし、技術においても十分に渡り合えると感じたからです。

とはいえ、その歳からプロになっても、あと何年できるかわかりません。会社のことだって気がかりです。正直、アマチュアゴルファーとして競技に出るときでさえ、社員には申し訳ないという思いがあり、なかなか決心がつかなかったのです。

大先輩に背中を押されプロ挑戦を決意

そんなときボクは、安原ホールディングス会長の安原優さんに出会います。安原さんは、今はボクのゴルフの生徒ですが、経営者としては尊敬する大先輩です。

「お前、そんだけゴルフが好きで上手かったら、さっさとプロにならんかい！　プロになったら、もっと堂々とゴルフができるやないか！」

ボクの気持ちに気づいた安原さんは、ボクに会うたびに、そう言って背中を押してくれました。そのおかげで、ボクの「プロになりたい」という気持ちは、「プロになる」という決意に変わっていったのです。45歳あたりからはトレーニングを始め、ゴルフに対する姿勢を変え、少しずつ環境を整えていきました。そして、47歳のときに「49歳でプロテストを受ける。その代わり、1回受けて通れへんかったら、もう（アマチュアの）競技には出ぇへん」と周りに宣言し、プロを目指すことを決意したのです。

最終的な決め手は、「プロになって活躍すれば、名前が全国区になるし、人脈も広がる。そうなれば、もっと違う会社になれるやないか」という思いです。自分のわがままだけで、会社のためにならない挑戦であれば、ボクはプロになることを断念していたでしょう。

そこから技術的にもっとも強化したのは、アプローチとパットでした。プロ、アマを問わず、上にいるのはショートゲームの上手い人だけ。結局、勝負を分けるのはアプローチとパットだということは身に染みてわかっていたからです。

スコアメイクにショートゲームの強化は必須

どんなプロでも、ショットは日替わりメニューです。昨日は最高だったのに、今日は全然ダメなんてことはいくらでもあります。それに比べると、ショートゲームは誤差が小さい。もちろん「昨日とは少し感覚が違う」ということはあるけれども、その差はショットほどではありません。だから、ショートゲームを磨いておけば、ショットの誤差をカバーできるし、スコアのバラつきも抑えることができるのです。

2015年9月。49歳のボクは、登別CCで行われた最終プロテストに挑みました。不遜に聞こえるかもしれませんが、ボクは「よほどのことがない限り通るやろな」と思っていました。その頃のボクは、アマチュアとして数々の試合に出て勝っていたので試合勘もありましたし、調子もよかった。なにより、やるべきことをやってきたという自信があったからです。

4日間で行われたテストは天候が悪く、サスペンデッドを繰り返す展開になりました。それでもボクの集中力が途切れることはありませんでした。3ラウンド目も、18番の第2打を残してサスペンデッドになりましたが、「目の前の1打1打に集中するだけや」と、気持ちを切らさずにプレーができました。結果は、3アンダー8位タイで通過（5オーバー49位タイまでの55人が合格）。ボクはプロゴルファーとしての道を歩むことになったのです。

緊張することよりも緊張しないことのほうが怖い

プロに話を聞くと「プロテストなんて2度と受けたくない」とか、「あんなに緊張するのはもう嫌だ」という人が多いようです。緊張すると思いどおりのプレーができないのは、プロもアマも同じ。それを嫌がるのは、当然の感情だと思います。

ただ、ボクには、ほかの人とは少し違ったところがあります。もちろん、ボクも緊張はします。プロテストのときも緊張していました。でも、ボクは心のどこかでそういう緊張感を楽しんでいるところがあるのです。それは昔経験した、ある出来事が関係しています。

あれは、28歳のときです。当時のボクは、将来的にビリヤードのプロになるか、アマチュアのままタイトルを取りにいくかの選択を迫られていました。しかし、ボクには家庭もあるし、仕事もある。このままビリヤードは続けていけないと思いました。そこでボクは、「次の全日本選手権を最後に、ビリヤードはやめて仕事に専念しよう」と決心したのです。

その試合の当日、ボクはいつもと違う自分に気づきました。大事な試合だというのに、まったく緊張していないのです。引退を決めたことで心が切れてしまったのでしょう。「これではいかん」と思っても、いつもの緊張感は戻ってきませんでした。その結果、ボクはかなり格下の負けるはずのない相手に負けてしまったのです。

それからボクは、緊張しないことが怖くなりました。それは、競技者として限界を迎えた証拠だからです。「いつかまた、あんな状態になるんやないか？」そう思うたびに、恐怖を感じるようになったのです。

逆に、緊張している自分に気づくと、少し楽しい気持ちになれるようになりました。優勝争いのなかの難しいティーショットに入るとき、外せないショートパットが残ったとき、緊張してドキドキしていると「あぁ、まだ大丈夫や」「まだ続けられる」「まだ、ゴルフが好きやねんなぁ」と思えるからです。

緊張するのもドキドキするのも、ゴルフが好きだからです。ドキドキするほど好きなことを続けられるなんて、これほど幸せなことはありません。いま振り返ると、そんな気持ちでプロテストに対峙できたこともよかったのかなぁとも思うのです。

寺西明の人生から学ぶ10のヒント

Hint 1
やると決めたらとことんやる

仕事もスポーツも、やると決めたら一番になるためにとことんやる。手を抜かない。それが寺西流だ。

Hint 2
重いものを振る

パワーをつけ、手先に頼らない動きを身につけるには重いものを振るのがいちばん。

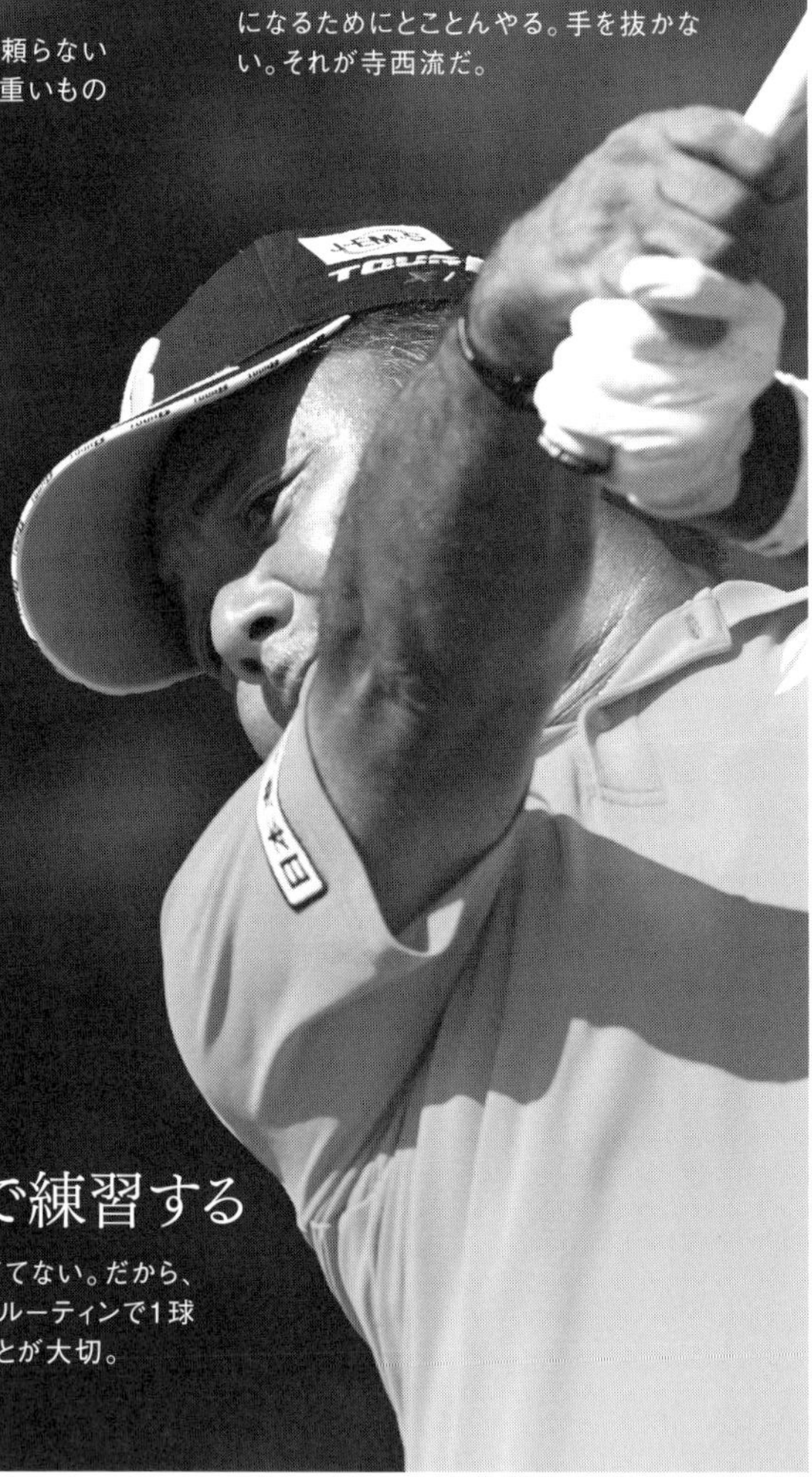

Hint 3
本番と同じルーティンで練習する

本番は常に1球しか打てない。だから、練習場でも本番と同じルーティンで1球1球ていねいに打つことが大切。

Hint 4

1打の重みを知る

可能な限り競技に参加し、1打の大切さを知る。そこで出たミスを改善することが上達につながる。

Hint 5

セオリーや常識を妄信しない

セオリーや常識と呼ばれているもののすべてが正解とは限らない。不自然なもの、合わないものは取り入れない勇気も必要だ。

Hint 6

やってはいけないミスは絶対に避ける

OBやペナルティエリア、崖下や林などの打数を大きくロスするミス、もしくは、グリーン周りで絶対に寄らないところへのミスは確実に避ける。

Hint 7

100点満点のショットはいらない

常に100点のショットを求めると大きなミスも出る。やってはいけないミスを避けるには、多少出来の悪いショットでもよしと考えよう。

Hint 8

上手い人と回る

自分より上手い人と回ると、スコアを作るために必要な技術や考え方など、自分ひとりではに気づかないヒントがたくさん見つかる。

Hint 9

緊張を楽しむ

緊張するのも、ドキドキするのもゴルフが好きな証拠。その緊張感を嫌うのではなく、「好きだから緊張するんだ」と受け入れる。

Hint 10

覚悟を決める

上手くなりたかったら上手くなるための覚悟を決める。覚悟の決め方はP48を参照。

覚悟がボクを強くしてくれた

　プロ入り後、ボクはシニアツアーに参戦するようになりました。1年目こそ勝つことができませんでしたが、2年目からは毎年ひとつずつ勝利を挙げられています（2021年5月現在）。また、2019年にはひとつの大きな目標であったメジャー・全英シニアオープン出場も叶い、2020年には念願の賞金王になることができました。これもひとえに、ボクを応援してくださった方々、ボクを快く送り出してくれる従業員みんなのおかげです。本当にありがとうございます。

　ボクはよく、

「30歳からゴルフを始めてプロになるなんてすごいですね。しかも、賞金王なんて。どうしてそんなに早く上手くなれたんですか？」

と聞かれます。そんなとき、ボクはこう答えます。

「覚悟が違ったんやないでしょうか」

ボクがゴルフを始めたきっかけは、仕事のため、生きるためでした。先のない仕事に見切りをつけ、会社を立ち上げるためのゴルフだったのです。当然、その仕事を成功させるには、少しでも早くゴルフが上手くなる必要がありました。それは、普通のゴルファーがゴルフに取り組む姿勢とは意味が違ったわけです。

プロになると決めたときもそうです。そのままアマチュアを続けていればトップでいられたにも関わらず、それを捨ててまでプロを目指すということは、それなりの覚悟がいります。まして、40代後半は、会社も軌道に乗り、順風満帆な状態でした。無理にプロになって稼ぐ必要もないのに、リスクを冒してプロを目指す。それは、失敗の許されない挑戦だったのです。

もし、プロテストがダメやったら、競技ゴルフをやめる。いや、ゴルフ自体をやめるかもしれない。そこまで自分を追い込んでゴルフに取り組んだ。その結果が、今につながっているんやと思います。

上手くなりたかったら高すぎる目標を持とう

ボクは、覚悟を決めてここまで来ました。だから、人よりも少し早くゴルフが上手くなれたのだと思います。もちろん、みなさんにボクのような覚悟を持てとは言いません。でも、ゴルフが上手くなりたいのであれば、みなさんも、ちょっとした覚悟を決めてみてはいかがでしょう？　なんとなく「上手くなりたい」と願うのではなく、「いついつまでに、いくつで回る」「ハンディいくつになる」と、具体的な目標を期限付きで決めるのです。

よく、「シングルになりたい」という人がいますが、そんなぼんやりとした目標ではいけません。ハンディ9なのか、5なのか、3なのか、明確に決めてください。そして、目標が決まったら、それを達成するために自分に足りないものを、すべて書き出してみましょう。それがわかれば、いま自分がすべきことがわかるはずです。もし、自分の欠点や、自分の欠点をクリアする方法がわからなかったら、プロや上級者にアドバイスを求めればいいのです。

寺西流　目標達成プログラム

STEP 1

まずは、目標を決める

スコアでもハンディでもいいので、自分の目標とする数字と、
目標を達成する期限(日時)を具体的に決める

STEP 2

自分に足りないものを書き出す

ショット、アプローチ、バンカー、パット、マネジメントなどなど。
目標を達成するために足りていない部分(ウィークポイント)を
すべて書き出す

STEP 3

ウィークポイントをクリアしていく

自分のウィークポイントを矯正するための方法を考え、
それをひとつひとつクリアしていく

STEP 4

目標を口に出して言う

目標として決めた数字と期限を口に出して人に伝え、
覚悟を決める

覚悟を決めれば
ゴルフはもっと
上手くなりますよ!

もうひとつ大切なことがあります。それは目標を口に出して言うことです。ボクは、会社を始めるときも、プロになると決めたときも、2020年のシニアオープンに勝ったときも、「会社を作る」「プロになる」「この試合に勝つ」と、口にして結果を出してきました。目標は口に出して人に伝えることで、明確な覚悟となるのです。

よく、「目標は、低すぎても高すぎてもいけない」などと言いますが、ボクは「目標は高ければ高いほどいい」と考えています。徳川家康もタイガー・ウッズも、天下を取った人たちは、みんな高すぎるほどの目標を口に出してきました。そうすることで覚悟を決め、その道を突き進んで、目標を達成してきたのです。

「そんなことをして、達成できなかったら恥ずかしいじゃないか」という人がいるかもしれません。でも、できなくたってええやないですか。ボクだって、口にしてできなかったことはいくらでもあります。ときには、周りから「そんなの無理や」「できるわけない」と言われることもあるでしょう。でも、それを糧に「やったるわ！」と奮起すればいいのです。そうして目標を達成したときには、より強い称賛の言葉がもらえるのですから。

第2章

寺西流・短時間上達法

～練習編～

「ゴルフ歴は長いけれど、なかなか上手くならない」

「練習はしているのに、思うようにスコアが伸びない」

そんなゴルファーは、練習法に問題があると寺西プロは指摘する。

では、どんな練習をすれば、
寺西プロのように短い時間で効率よく上達することができるのか？

その秘訣を聞いていくことにしよう。

実戦を想定した練習じゃないと意味がない

よく、上達の早い人は「運動神経がいい」とか「センスがいい」などと言われます。でも、ボクはそれだけやないと考えています。もちろん、運動能力が高い人のほうが有利なのはたしかやと思いますが、そういう人たちは、過去のスポーツ経験などから、上手くなるにはどういう練習が必要なのかを知っているのです。

では、効率よく上達するには、どんな練習をすべきなのでしょう？　ボクには野球や空手、ビリヤードの経験や知識がありました。そこで言えるのは、練習はあくまで試合で結果を出すためのもの、実戦を想定したものでないと意味がないということです。

たとえば、練習場で球を打つとき、多くのゴルファーは、スタンスの位置も変えず、同じ目標に向かって何球も続けて球を打ちます。それで「ナイスショットが出た」「あそこまで飛んだ」と喜んでいるのですが、実戦になれば、同じ場所から同じ目標に向かって、何回も球を打つことはできません。だから、本番になるとミスをしてしまうのです。

つまり、多くの人は練習場でナイスショットを打つための練習ばかりしていて、実戦でナイスショットを打つための練習をしていない……。なかなか上手くならない理由はココにあります。効率よく上手くなるためには、実戦を想定して、実戦で結果を出すための練習をする必要があるのです。

「実戦を想定した練習をしないと、本番でいい結果は出せません」(寺西)

１球１球をていねいに打つ

実戦を想定し、実戦で結果を出すための練習としてまずやってもらいたいのは、第1章で紹介した、1球1球をていねいに打つ練習です。

実戦で結果を出すためには、実戦に近い条件で練習をしておく必要があります。本番になれば、球は1球しか打てないのですから、練習場でも1球1球をていねいに打つ必要があるのです。

1球ごとに狙いを定め、ボールの後方に立って目標を確認したら、球筋や落とし所をイメージしてからセットアップして、球を打つ。そうすることではじめて実戦で役に立つ、質の高い練習になります。これはドライバーからアプローチまですべて同じです。

スタンスの位置も変えずに、ひたすら球を打つ。そんな練習をしていては、いくら球を打っても、思うように上手くはならないので注意してください。

実際のコースをイメージして打つ

1球1球をていねいに打つと言いましたが、このとき、1球ごとに番手、方向、距離を変えて打てば、より実戦的な練習になるのは間違いありません。おすすめは、実際のコースをイメージして打つ練習です。行ったことのあるコースや明日行くコース、昨日回ったコースをイメージしながら、頭のなかで18ホールをプレーするのです。

たとえば、「1番は軽い打ち下ろしで、右サイドにバンカーがあるから、ティーショットを左サイドに置いておこう」とか、「2番は、ドライバーをナイスショットしたら残りはこのくらいやから、9番でピッタリやな」というように、実際の景色やレイアウト、距離をイメージしながら、番手を選び、目標を決めて球を打つのです。

そうして、ティーショットを曲げたときには、ラフや傾斜地、バンカーからのショットをイメージして次打を打ち、グリーンを狙うショットをミスしたときには、何ヤードのどんなアプローチが残ったかを考えながら次打を打ちます。

このような練習をしておくと、実際にはラウンドをしていなくても、ラウンドしたのと同じような経験を積むことができます。また、ラウンドの予習や復習にもなるので、実戦のスコアアップにもつながるというわけです。

なかには、「コースの景色を思い出せない」「覚えられない」という人がいるかもしれません。そういうときには、ゴルフ場のホームページでコースの情報を確認するとよいでしょう。最近は、どこのコースも情報が充実しているので、スマホなどでそれをチェックしながら練習するのです。

実際、ボクも初めて回るコースに行くときには、ホームページの情報をチェックしています。コースによっては、ホールごとの攻略ルートなども書いてあるので、それを読みながら「ここは狭そうやな」とか「右に注意せなあかんな」などと予習をしておくのです。

すると、実際にラウンドするときには、やってはいけないミスを避けやすくなりますし、ときには「意外と広くて打ちやすいやないか」などと思ったりして、スコアアップの手助けになるというわけです。

1

実際のコースをイメージ

2

本番と同じルーティンで

3

1球1球ていねいに

4

打つ

コースをイメージして仮想ラウンドする

実際のコースをイメージして、18ホールをラウンドするつもりで球を打つ。お金や時間がなくてラウンドを増やせない人にもおすすめの練習法だ

日本シニアオープン優勝はコースをイメージした練習の成果

コースをイメージして球を打つ練習は、ボクがアマチュアのときの定番メニューでしたが、これは今でもよくやっています。

たとえば、ボクが勝った2020年の日本シニアオープンは、鳴尾ゴルフ倶楽部で行われました。このコースは、アマチュア時代から試合で何度も回ったコースですが、おそらく、頭のなかでは何千回、何万回と回っているはずです。ウソだと思うかもしれませんが、シニアオープンの前だけでも、頭のなかで何百回もラウンドしているのです。

とくに、勝負の分かれ目となる16、17、18番は、しつこいほど頭のなかでプレーをしました。「この風の向きやったらこんな感じやな」「この気温やったらこうやな」「カッパを着ていたらこのくらいしか動けんからこの番手やろな」そんなふうに、さまざまな状況をイメージしながら、頭のなかでプレーをするのです。

同じホールの同じ場所からのショットであっても、風、気温、天候、ライが違えば、その組み合わせは何百通りにもなります。さらに、ミスをした後のショットやアプローチまでイメージし、それらすべてを予《あらかじ》め頭のなかで経験してから、ボクは試合に臨んだのです。

迎えた最終日の17番パー4。そのティーショットとセカンドショットは完璧でした。この17番は最難関で、多くの選手がボギーを打っていたのですが、そこでボクひとりだけがOKの距離につけてバーディを取り、優勝を手繰り寄せたのです。

それを録画した映像は今でもよく見ますが、セカンドなどは、「こないして打てたら、そらぁ狙ったところに飛んでいくわなぁ」と思える出来で、自分のゴルフ人生のなかでもベストのショットでした。そういうショットが一度あるだけでも自分は幸せやなぁと思うのです。

「2020年のシニアオープンは、練習でイメージしたとおりのプレーができた会心の試合でした」(寺西)

練習場はコースのように コースは練習場のように

ボクは、よく「練習場はコースのように打ち、コースは練習場のように打て」と言います。これは、練習場では実戦を想定して球を打ち、コースに出たら練習場のようにリラックスして打ちなさいという意味です。

本番と同じルーティンで1球1球をていねいに打ったり、コースをイメージして球を打ったりするのが、練習場でコースのように打つということ。そこでやったことを本番で実践するのが、コースで練習場のように打つということです。

ボクがシニアオープンの最終日に放った17番のティーショット、セカンドショットは、まさに「練習場はコースのように打ち、コースは練習場のように打て」を体現したものやったと言えるでしょう。

具体例をもうひとつ紹介しましょう。ボクは会社の近くにある練習場、ザ・リンクスゴルフクラブによく行きます。そこの1階の右端にある1番打席がボクの指定席なのですが、ここで欠かさないのが30Y、50Y、70Y地点にあるグリーンに向かって打つ練習です。

この3つのグリーンまでの距離は自分でも計測してあるので、どこまでが何ヤードかはっきりとしています。この距離を中心に、その間の40Y、60Yも打ち分けながら、それぞれの距離を打ったときの感覚を自分の体に刻み込んでいくのです。

とくに、30Yのグリーン手前のノリ面（26Y地点）にぶつけてグリーンに乗せる練習はボクの基本中の基本。こういう練習を続けているから、コースで中途半端な距離が残ったときにも、「あぁ、この距離やったら、あのグリーンのあそこに打つ感じやな」と、自信を持って打てる。つまり、コースで練習場のように打てるというわけです。

練習で磨いた距離感を実戦に生かして寄せる

普段から球を曲げる練習をしておこう

実戦で結果を出すためには、弾道、球筋、距離の3つをコントロールする力をアップさせることも大切です。

多くのゴルファーは、ドライバーからウェッジまで、遠くへ飛ばすことばかりを考えて練習しているように見えます。しかし、ゴルフは飛ばし合いではなく、狙った場所にボールを運ぶ競技です。いくら飛ばしても、曲がったり、距離が合わなかったりしたらスコアをまとめることはできません。上手くなりたかったら、もっとボールをコントロールする練習をすべきなのです。

そのためにやってもらいたいのが、ドローとフェードを打ち分ける練習です。多くのゴルファーは、真っすぐの球を打とうと必死になっていますが、完全なストレートボールはプロでも難しいものです。また、完全なストレートボールを打とうとすると、ほんの少しのミスで、右にも左にも曲がる危険があります。どちらに曲がるかわからない。そんな球は怖くて使えないのです。

だから、プロゴルファーは、誰も真っすぐの球を打とうとしません。みんな、ドローかフェードか、どちらかに球を曲げてプレーをしているのです。そういう意味でも、普段から球を曲げる練習をしておくことはとっても大切なことやと思います。

はじめから長い番手で球筋を打ち分けるのは難しいでしょうから、最初は9〜7番で練習するとええんやないでしょうか。このとき、コースの景色をイメージしながら打てたらさらにいいと思います。グリーンの右サイドからドロー、左のバンカーからフェードという感じです。

短い番手でフェードとドローが打ち分けられるようになったら、ドライバーでも同じように球を曲げてみましょう。たまには練習場の端から端まで曲げる大きなフックやスライスを打ってみるのもいいと思います。もちろん、球を完全に操るのは難しいかもしれません。でも、最低限、「こうしたらこんな球が出る」という感覚を、練習場で体験しておくことはとても大切なことなのです。

初・中級者こそ曲げる練習が必要なんです

ゴルフが上手くなりたかったら、積極的に球を曲げる練習をしておくことが大切です。そういう練習をすると、確実にボールをコントロールする力がアップするからです。このように書くと、「球を曲げるなんて上級者じゃないと難しい」と考える人がいるかもしれません。でも、ボクは初・中級者こそ球を曲げる練習をすべきやと考えています。

まず、初・中級者というのは、球が曲がるメカニズムがわかっていません。だから、スライスやフックに悩んでしまうのです。その点、球を曲げる練習をすると、球が曲がるメカニズムを体で理解することができます。それがわかれば、自分の球筋を自分で修正できるようになるというわけです。

どんなプレーヤーでも、ミスは間違いなくするのですから、ミスの原因を知るためにも曲げる練習をしておく必要があります。そうすれば、「あぁ、この軌道やから右に曲がるんでしょ」「この軌道や曲がりが抑えられるんやな」ということがわかってきます。それを続けていくことで、曲がりの範囲がどんどん狭まってきて、ボールをコントロールする力が磨かれていくのです。

さらに、球を曲げられるようになると、コースの罠を避けられるようになります。コースに出ると、左サイド、もしくは右サイドにOBや池があって、左だけはダメ、右だけはダメという状況があります。そういうときにフェードやドローが打てれば、確実に罠を避けることができるわけです。

また、グリーンを狙うときにも、ピン位置やハザードの位置によって、グリーンの右、もしくは、左には絶対に外せないというケースがたくさんあります。そんなときも、球を曲げる技術があれば、大きなミスを避けることができるのです。

球筋や弾道を打ち分けられるようになれば、自分のスウィングやクラブの扱い方もわかってきます。また、プレーの幅も広がってスコアメイクに役立つので、ぜひチャレンジしてほしいと思います。

スタンスの向きを変えるだけで球を曲げる

それでは、球を曲げる方法を紹介しましょう。いちばんやさしいのは、フェースを目標に向けたまま、スタンスの向きを変える方法です。

まず、フェードを打ちたい（球を右に曲げたい）ときには、フェースを目標に向けたまま、スタンスを左に向け、スタンスどおりにスウィングします。すると、ボールと目標を結んだラインに対して、クラブの軌道がアウトサイドインになるので、ボールに右回転をかけることができます。

逆に、ドローを打ちたい（球を左に曲げたい）ときは、フェースを目標に向けたまま、スタンスを右に向けて、スタンスどおりにスウィングします。すると、ラインに対してクラブの軌道がインサイドアウトになるので、ボールに左回転をかけられるというわけです。

スタンスの向きで軌道を変える　フェースを目標に向けたままスタンスの向きを変えれば、クラブの軌道が変わり、球筋が変わる

脚の動きで球筋をコントロールする

フェードは、フェースを目標に向けたまま、スタンスを左に向けてアウトサイドインの軌道、ドローはスタンスを右に向けてインサイドアウトの軌道で打つと言いましたが、実はこれだけだと説明が足りません。

大切なのは、脚の動きで軌道をコントロールすることにあります。脚をどう動かせば、軌道がどう変わるのか。それを知ることが大切なのです。

基本的に、フェードの人とドローの人では、脚の動きが全然違います。プロによって脚の使い方が違うのは、持ち球の違いによるものなのです。

ここで意識してもらいたいのが、アドレスの右つま先の向きと、股関節の動きです。フェードの場合は、右つま先をスタンスのラインに対して直角にして構え、ダウンからフォローにかけて左股関節を後ろ（背中側）に引くイメージでスウィングするのです。すると、体を素早く回転できるので、軌道がアウトサイドインになり、フェードが打ちやすくなります。

これに対して、ドローを打つときには、アドレスで右つま先をいつもより少し開いて（右に向けて）構え、ダウンからフォローにかけて右股関節を目標方向に押し込むイメージでスウィングします。そうすることで、切り返しで自然にクラブが後ろに倒れ、軌道がインサイドアウトになって、ドローが打ちやすくなるのです。

右つま先を少し開き（右に向け）、ダウンからフォローで右股関節を目標方向に押し込む

右つま先をスタンスのラインに対して直角にし、ダウンからフォローで左股関節を後ろに引く

体重移動を意識して球筋を打ち分ける

脚の動きで軌道を変える方法をもうひとつ紹介しましょう。それは体重移動を意識する方法です。アドレスは前ページと同じ。フェードの場合は、フェースを目標に向けたまま、スタンスを左に向け、右つま先をスタンスのラインに対して直角にして構えます。ドローの場合は、フェースを目標に向けたまま、スタンスを右に向け、右つま先を少し開いてください。

この構えができたら、フェードの場合は、ダウンに入った瞬間、左のかかとに乗っていきます。すると、自然に左腰が後ろ（背中側）に引けるので、アウトサイドインの軌道で振りやすくなります。逆に、ドローの場合は、ダウンでいったん下に沈みこみながら、左の拇趾球（左親指の付け根あたり）に乗っていきます。すると、自然に軌道がインサイドアウトになるのです。手先は何もせず、脚の動きだけで球筋を打ち分けられたら安定感は抜群、それは最高級のテクニックと言えるんやないでしょうか。

フェード

左かかとに乗っていくことで、自然に脚がアウトサイドインの動きになる

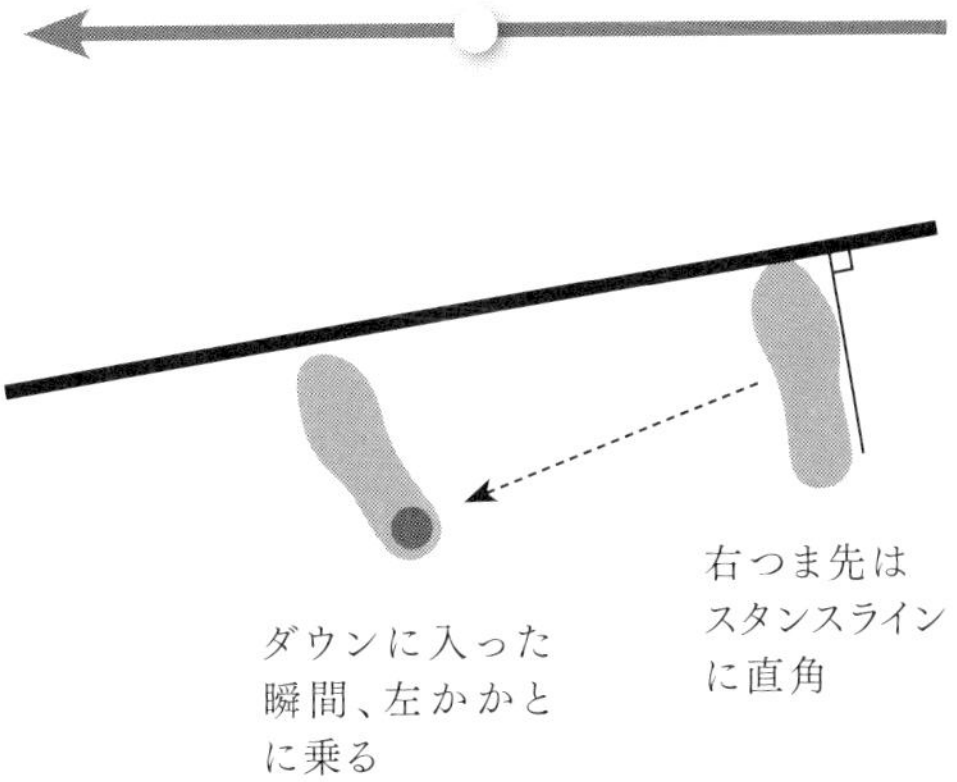
右つま先は
スタンスラインに直角
ダウンに入った瞬間、左かかとに乗る

ドロー

左拇趾球に乗っていくことで、自然に脚がインサイドアウトの動きになる

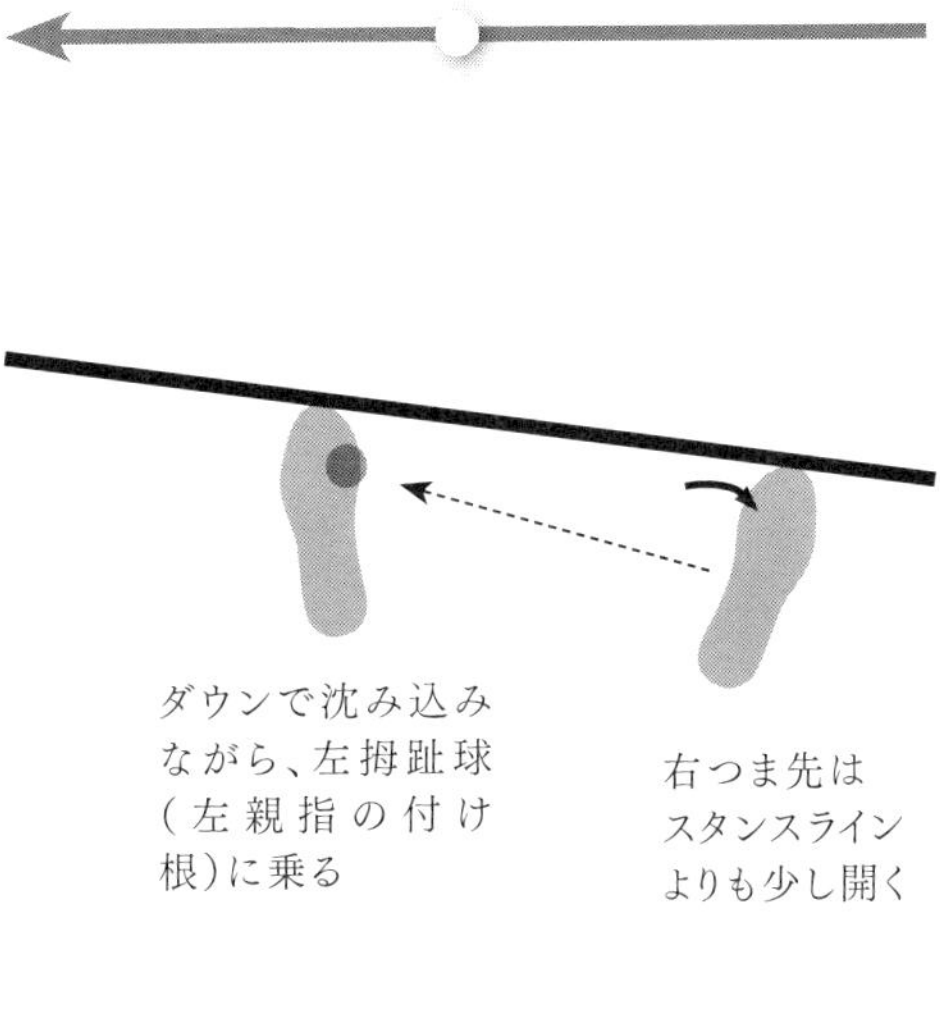
ダウンで沈み込みながら、左拇趾球(左親指の付け根)に乗る
右つま先は
スタンスラインよりも少し開く

曲げやすいと感じる球を持ち球にする

球を曲げる練習をするときには、まず、自分が思った方向に曲げられるようになることが大切です。はじめのうちは曲がり幅を気にせず、右に曲げようと思ったときには右、左に曲げようと思ったときには左に曲げられるようになるまで練習してください。

それで、逆に曲がるミス＝右に曲げようと思って左に曲がるミスや、左に曲げようと思って右に曲がるミスが出なくなったら、少しずつ曲がり幅をコントロールしていきましょう。

理想は、フェードならラインよりもちょっと左に出て右に戻ってくる球、ドローならラインよりもちょっと右に出て戻ってくる球です。右に出て右に曲がる球、左に出て左に曲がる球、曲がり幅の大きい球はまだまだスライスやフックで、本物のフェードやドローとは呼べないので注意してください。

また、球を曲げる練習をしていると、「自分は右のほうが曲げやすいな」とか、「自然に打ったら左に曲がるな」ということもわかってきます。そうしたら、自分が曲げやすいと感じる球を、持ち球にするとよいでしょう。「曲げやすい」と感じる球のほうがコントロールしやすいので、ショットも安定してくるはずです。

基本的に、プロや上級者は、必ず自分の持ち球を決めています。フェードは右に切れる球（絶対に左に曲がらない球）、ドローは左に切れる球（絶対に右に曲がらない球）、ですが、そのどちらかを基本にプレーをしているのです。

ちなみに、ボクの持ち球はフェード。多少ミスをしても、右への曲がり幅が変わるだけで左にミスすることはありません。このように、一方向にしか曲がらない球があると、コースを攻めるときに計算がしやすくなるので、持ち球を持つことはとても大切なのです。

「ボクの持ち球はフェードです」（寺西）

SW《サンドウェッジ》で球の高さを打ち分けてみよう

次に、球の高さを打ち分けてみましょう。球を曲げる練習同様、球をコントロールする力が磨かれるからです。最初は、サンドウェッジ（以下ＳＷ）のアプローチから始めると、高さを打ち分けるメカニズムをつかみやすいと思います。

まずはアドレスですが、ポイントはボール位置、目線、右つま先の向きの３つです。低い球を打つときは、いつもより少しボールを右に置き、目線を低くしたら、右つま先をいつもより少し閉じて（自分から見て左に向ける）構えます。この構えができたら、もう高い球は打てません。無理に高い球を打とうとするとミスになるので注意してください。

これに対して、高い球を打つときには、いつもよりボールを少し左に置き、目線を高くしたら、右つま先を飛球線に対して直角か、やや開いて（自分から見て右に向けて）構えます。より高い球を打ちたいときほど、右つま先は開くと考えてください。

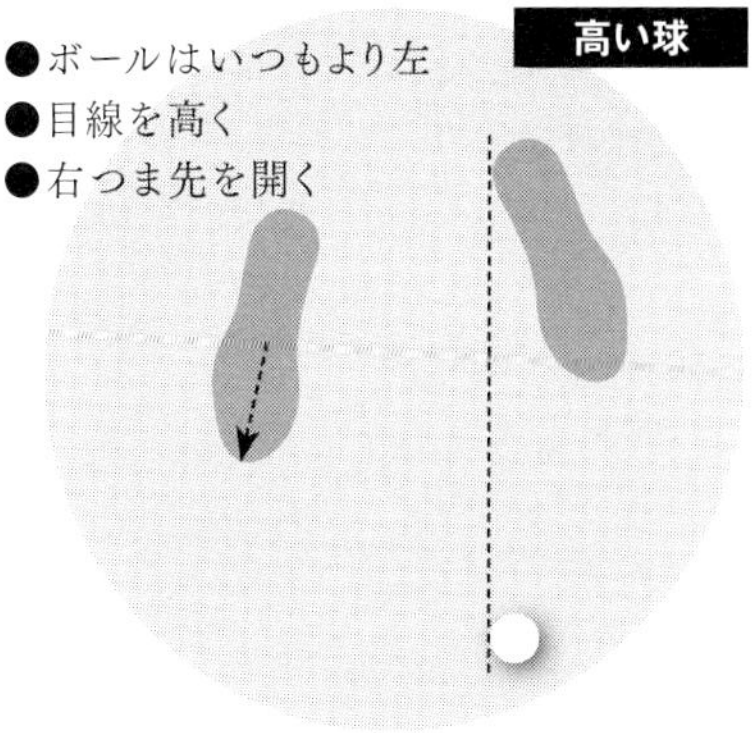
高い球
●ボールはいつもより左
●目線を高く
●右つま先を開く

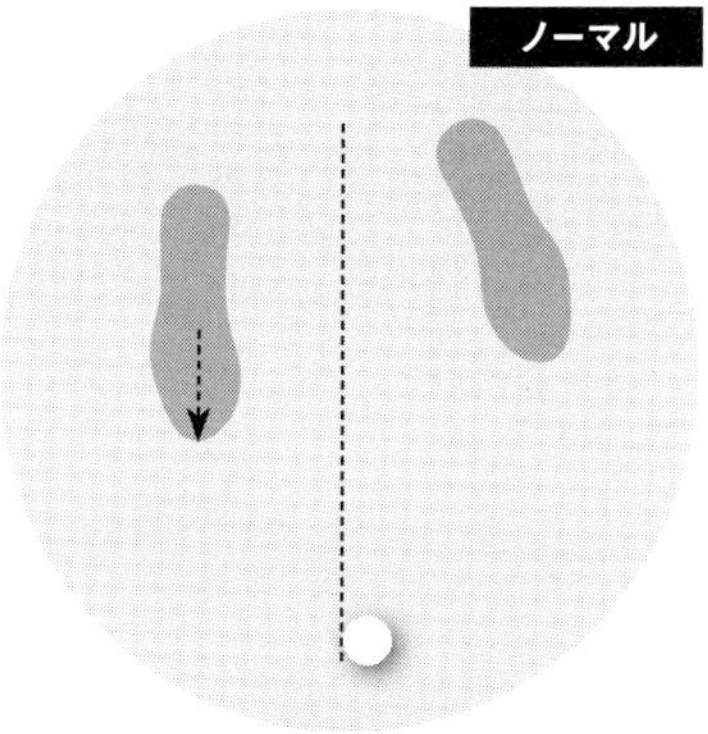
ノーマル

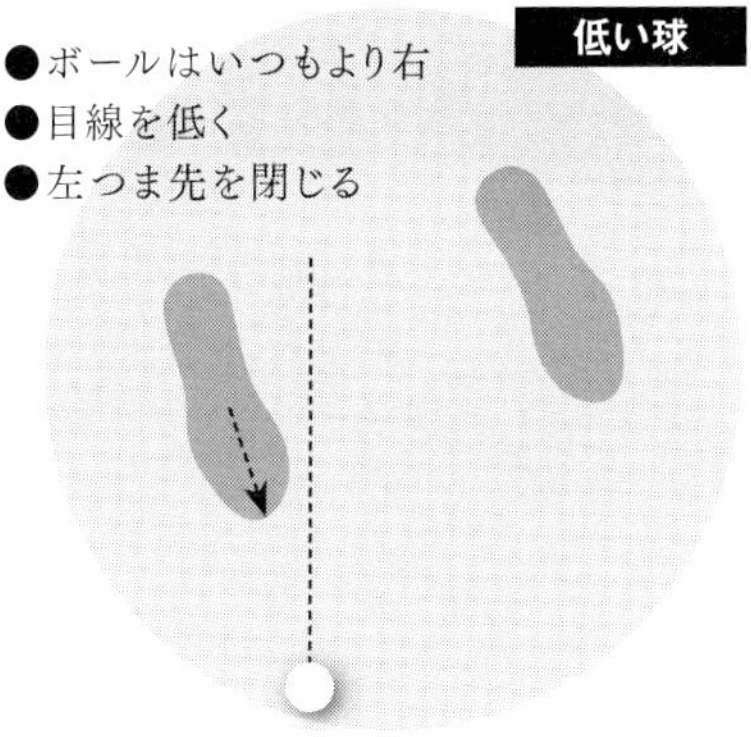
低い球
●ボールはいつもより右
●目線を低く
●左つま先を閉じる

スウィングは丹田の向きを意識するだけ

前ページのアドレスができたら、あとは丹田（おヘソの少し下あたり）の向きを意識してスウィングするだけです。低い球を打つときには、ダウンからフォローで丹田が下を向くように、高い球を打つときには上に向けるようにすれば、自然に球の高さを打ち分けられます。

基本的には、低い球のアドレスを作れば、フォローで丹田は下を向きやすく、高い球のアドレスを作れば、丹田は上を向きやすくなっているので、それに逆らわずにスウィングすればよいでしょう。

慣れてきたら、ボール位置、目線、つま先の向き、丹田の動きをいろいろと変え、どこまで低い球が打てるのか。どこまで高い球が打てるのか、試してみるのもええと思います。そういう〝遊び〟をすることで、球をコントロールする力が磨かれていくのです。

アプローチで高さを打ち分ける感覚をつかんだら、ショットでも高さを打ち分けてみましょう。アプローチもショットも、基本的なメカニズムは同じです。ボール位置、目線、つま先の向き、丹田の動きを意識すれば、ショットでも、高さを打ち分けられるのです。

とにかく、どんな技術や理論も、いろいろと試してみることが大切やと思います。そうやって自分で試して、自分の感覚に置き換えないと、本番で使える技術にはなりません。本番をイメージして、練習場でいろいろ試し、そのなかで自分が「できる」と確信した技術をコースで使う。それが実戦で結果を出す方法なのです。

高い球
丹田を上に向ける

ノーマル

低い球
丹田を下に向ける

1つの距離を複数の番手で打ち分ける

ゴルフが上手くなるためには、いろいろな〝遊び〟をすることが大切やと思います。球を曲げるのも、高さを打ち分けるのもそのひとつですが、それと同じくらい大切なのが、距離を打ち分ける練習です。

アマチュアゴルファーの多くは、150Yなら7番アイアン、120Yなら9番アイアンというように、残り距離で番手を決めてかかっています。

しかし、同じ120Yでも、アゲンストなら強めに、フォローなら軽めに打つ必要があります。また、ハザード越えでピンが手前なら、しっかりとキャリーさせる必要があるし、ピンが奥ならオーバーさせないように打つ必要があるわけです。

そこでやってもらいたいのが、同じ距離を複数の番手で打ち分ける練習です。残り120Yを9番だけでなく、7番や5番でも打てるようにしておく。そうすることで、微妙な距離をコントロールする感覚が磨かれてくるからです。

当然、長い番手で打てば、弾道が低くなり、着地してからのランは増えます。ですから、番手ごとに、どんな力加減で打つと、どんな弾道で、どのくらいキャリーして、どのくらい転がるのか、練習でつかんでおくのです。それがわかれば、グリーン手前から転がして乗せたいときや、ピンの手前からランを使って寄せたいとき、アゲンストやフォローで距離をコントロールしたいときなどにも役に立つはずです。

たとえば、9番の距離を5番で打つ。そういう練習が距離感を磨く

レベルな軌道で打つのが距離感を揃えるコツ

距離を自在にコントロールするためには、なるべくレベルに近い軌道でボールをとらえることも重要やと思います。上から打ち込みすぎたり、下からあおっていたりすると、スピン量や打ち出し角度がバラつき、距離のコントロールが難しくなってしまうからです。

試しに、やや高めにティーアップした球をSWで打ってみてください。これで球の高さと距離が安定していれば、レベルに近い軌道で打てている証拠です。

これに対して、ヘッドがボールの下をくぐって〝だるま落とし〟のような状態になる人、ボールがフェースの上っ面に当たり、球が上がるだけで飛ばない人は、ヘッドが上から入りすぎている証拠。逆に、フェースの下めに当たり、ハーフトップやドロップが出る人は、あおりすぎている証拠なので注意してください。

「ティーアップした球を打つなんて簡単だ」と思うかもしれませんが、ティーを高くして、ロフトの大きなＳＷで、高さと距離を揃えるのは結構難しいものです。まずは、それができるかどうか試してみてください。

「このくらいティーアップした球、ＳＷで打てますか？」（寺西）

寺西流・短時間上達メニュー

Menu 1 コースをイメージして打つ

実際のコースの景色をイメージして球を打ち、頭のなかでラウンドする。

Menu 2 球を曲げる

球を曲げることで球（スピン）をコントロールする感覚や、ミスを自分で修正する感覚を磨く。

Menu 3 30Y・50Y・70Yの感覚を体に覚え込ませる

どんな感覚で打つとどんな距離になるのか。練習場で体に覚え込ませ、それを実戦で再現する。

Menu 4 高さを打ち分ける

まずはSWで高さを打ち分ける感覚を身につけ、それをショットに応用して、ボールをコントロールする力をアップさせる。

Menu 5 ひとつの距離を違う番手で打つ

違う番手で同じ距離を打つことで、距離をコントロールする感覚を磨く。

ゴルフが
上手くなりたかったら
いろいろな
“遊び”をすることが
大切ですよ。

試行錯誤の先に上達の道が拓《ひら》ける

ボクは、地元の兵庫で定期的にレッスン会を開いています。はじめは(アマチュア時代の)同じクラブのメンバーや後輩たちに頼まれてスウィングを見たり、アドバイスをしたりしていたのですが、そのうちに人数が増えてきたので、みんなで集まってやろうということになったのです。

メンバーのなかには日本アマに出場するような学生、クラブチャンピオンを取ったトップアマから、ジュニアや女性まで、さまざまなレベルのプレーヤーがいます。寺西のゴルフ教室やから『寺小屋』。いつの間にか、そんなふうにみんなが呼ぶようになりました。

ただ、レッスン会といっても、ボクがひとりひとりを細かく指導するようなことはありません。どちらかというと合同練習会のようなもので、ボクも打席で球を打ち、その合間にみんなのところを回りながら気になる点などをアドバイスする。そんな感じでやっています。

ですから、あるプレーヤーが何に悩んでいるのか、何をしたいのかがわかったとしても、ボクはすぐに教えたりはしません。その人が悩んで、悩んで、行き詰まった頃に、タイミングを見計らってアドバイスをするのです。

多くの人は、少し迷っただけですぐに正解を求めたがります。でも、簡単に手に入れた答えはすぐに消えてしまうものです。上達するためには、まずは自分の頭で考え、いろいろと試してみる。そういう時間が大切やと思います。

ボクも、アマチュア時代はさまざまな理論や練習方法を試行錯誤してきました。それは一見、遠回りに感じられるかもしれませんが、それがあったからこそ、自分に合うもの、合わないものが判断できるようになりました。急がば回れと言います。まずは自分でとことん考えて、いいと思ったことはなんでも試してみる。そういう姿勢が上達につながるんやないでしょうか。

「『寺子屋』のメンバーの応援には、いつも励まされています」(寺西)

悪い動きを直すときは極端に逆の動きをする

人は、それぞれ体格も違えば、動きやすい形も違います。だから、ゴルフスウィングには個性があっていいと、ボクは思います。ただし、スウィングに大きな影響を及ぼし、ミスを引き起こす悪い動きは別です。放っておくと、いくら練習しても先がない動き。それは個性ではなく悪癖なので直さなくてはいけません。ボクは、寺子屋のメンバーにも、そういう悪癖を見つけたときだけ、アドバイスをするようにしています。

たとえば、バックスウィングを極端にインサイドに上げるメンバーがいました。バックスウィングがインサイドに上がりすぎれば、クラブが体の正面から外れ、ショットのブレが大きくなります。そういう悪癖は直す必要があるわけです。

ボクはその人に、「剣道の〝面〟を打つくらいのイメージで、クラブをタテに振れ」とアドバイスしました。その人は最初、「やりすぎやないか?」と思ったそうですが、動画を確認するとトップがいい位置に収まっていたので、納得して練習に取り組んでくれました。

また、トップからダウンへ切り返すときに左手小指がゆるみ、スウィング中にクラブを握り直すクセのある人がいました。これは、両手の親指と人差し指を中心にクラブを握っている証拠。そのままでは、クラブが暴れてショットは安定しません。

そこでボクは、利き手の右手が強く働かないように、「右手の親指と人差し指をグリップから離して打ちなさい」とアドバイスしました。こうすると、右手も左手も、小指側でしっかりクラブを握らないと球を打つことができません。その結果、自然に左手小指がゆるむクセが矯正できるというわけです。

長い時間をかけて染み付いた悪い動きというのは、ちょっと修正するくらいでは、何も変わりません。悪い動きを直すときには、自分では「やりすぎじゃないか」と感じるくらい極端に、逆の動きをやることが大切なのです。

「クラブをインサイドに上げる人は、剣道の面を打つくらいタテに振ってみましょう」(寺西)

自分を知っている人は上達が早い

ゴルフがなかなか上手くならない人と、すぐに上手くなってしまう人。その差は、自分のことを知っているかどうかにかかっているんやないでしょうか。なかなか上手くなれない人というのは、自分のことを知らない。できることとできないことがわかっていないのです。できないことを追いかけてもなかなかできるようにはなりません。それに対して、現実的なところを追いかけていく人は、できることが確実に増えていくので、その差はどんどん開いていってしまうのです。

また、自分を知らない限りは、自分がいまどこを向いているかもわかりません。向いている方向がわからなければ、歩き出したところで、どこに着くかがわからない。自分が目指す目的地にたどり着けるはずがないのです。

たとえば、パワーもあるし、運動神経もいいのに、ゴルフはなかなか上手くならないという人がいます。そういう人は、自分はなんでもできると思っていたりするわけです。その自信があることはとてもええことやと思うのですが、やってみて違うときには、違うということがわからんといけません。それを受け入れ、自分ができる方法を探っていくことが上達につながるからです。

入り口は人それぞれやと思います。大は小を兼ねるなどと言いますが、大の人が小から入ろうとしても上手くいかないし、小の人が大の基本をイチから身につけようとしても、それは難しい。やはり、大の人は大から、小の人は小から入っていくことが大切なのです。

ボクの場合は、子供の頃から野球や空手、大人になってからはビリヤードをやってきました。そういうことをやってきたからこそわかるものがあるし、それらの経験をすべてゴルフに結び付けて考えることで、ここまで来たのです。

野球の経験はボールをとらえる感覚や飛距離に、ビリヤードは球の回転やショートゲームに生きています。空手なども、まったく違うように思われるかもしれませんが、丹田の使い方、気合の入れ方、呼吸法などを子供のころから教わっているので、それがスウィングに生きているのです。どんな競技でもそうですが、スポーツには共通している部分があります。

そこをとらえる人と、とらえない人の差は、大きいんやないでしょうか。

ですから、まずは自分が今まで生きてきた歴史を振り返り、そこから自分を見つけてみてはいかがでしょう。たとえば、剣道をやっていた、卓球をやっていた、テニスをやっていた。スポーツ経験が少なければ、日常生活の動きだってかまいません。自分の体をいちばん動かしやすい経験。それを基準にゴルフを考えるのです。そういうもののほうが、自分のなかの動きがイメージしやすいでしょうし、必要な動きを獲得しやすい。その積み重ねが上達につながっていくんやと、ボクは思います。

「まずは、自分の歴史を振り返ることから始めましょう」(寺西)

第3章

ゴルフは止まったらおしまい
〜スウィング編〜

寺西明が、スウィングでいちばん大事にしていること。
それは、動きを止めないことだ。「頭を動かすな」「左の壁を作れ」
など、ゴルフの理論には体の動きを止める言葉がたくさんある。
しかし、その意識がゴルフの上達を妨げると、彼は言う。
この第３章では、彼がスウィングにおいて大事にしていること、
意識していることをお伝えしよう。

ケガをして自分の間違いに気がついた

ボクは30歳を目の前にしてゴルフを始め、ゴルフ雑誌やレッスン書を頼りに、我流でスウィングを作ってきました。先生やコーチがいないボクにとって、それ以外に頼れるものがなかったからです。そこに書かれていることはすべて正しいと信じ、それを忠実に守って、40代半ばには多くのアマチュアタイトルを取ることができました。

ただ、ケガや故障はひとつやふたつでは済みませんでした。腰も傷めたし、ひざもやった。周りからは順風満帆に見えたかもしれませんが、実は満身創痍で戦っていたのです。

昔から、「インパクトでは左ひざを目標方向に流さず、左ひざでボールを見続けろ」などと言います。これは、左ひざの向きを変えないことで左の壁を作り、ヘッドを走らせろという意味です。アマチュア時代のボクは、これを忠実に守ってスウィングしていました。その結果、ひざの半月板はめくれ、水が溜まりました。ボクはその激痛に耐えながら必死でタイトルを取り、プロテストに向かっていったのです。
何か違うんやないか。本当にこのままでええんか。40代後半になったボクはそう考え、体のことやスウィングのことをいろいろと研究しました。そして、気づいたのです。

「体の動きを止めるのがいかんのやないか」と。

頭を動かすな、ひざの向きを変えるな、左の壁を作れ、ボールをよく見ろなど、ゴルフの教科書には体の動きを止める言葉がたくさんあります。しかし、ゴルフのインパクトの衝撃は1トンにもなると言われています。そんな大きな力がかかっているのに、体の一部を止めたら、体に負担がかかるのは当たり前やったのです。
体を止めたらあかん。それに気づいたボクは、どこかを「止める」意識をすべて排除することにしました。頭を残すとか、ひざを止めるとか、そういう制限はすべて取っ払い、バックスウィングでは右に体重を乗せ、ダウンスウィングでは左に踏み込みながらフィニッシュまで一気に振り抜く。そういうスウィングを目指すことにしたのです。すると、人間が動くときには、すべての力を地面から受けている、ということがわかってきました。

たとえば、人が歩くときには、足を踏み込んだときに地面から跳ね返ってくる力を利用して前に進んでいきます。ボールを投げるときだって、足を目標方向に踏み出し、地面から跳ね返ってきたエネルギーを利用して体を素早く回転させるから、速い球を遠くに投げることができるのです。

ゴルフも同じでした。右に体重を乗せてバックスウィングし、左に踏み込んでダウンスウィングする。そのときの地面からの反動（パワー）を利用することで、効率よく飛距離が出せるようになるのです。

「止める」を排除すると自然体でスウィングできる

さらに、「止める」意識を排除すると、自然体でスウィングできることもわかりました。右ひざを流さないようにとか、頭を残せとか、ボールを見ろとか、左の壁を作れとか、体の動きに制限をかけてしまうと、筋肉が硬直してブロックがかかり、スムーズにスウィングできなくなってしまいます。そういう「止める」意識を取り払うことで、自分にとって動きやすい形＝自然体が残ったのです。

ゴルフに限らず、どんなスポーツにおいても、自分が動きやすい方法でやっていくことが、上達の早道であることは間違いありません。ケガをしにくい。効率がいい。自然体になれる。その結果、上達が早くなる。「止める」意識を排除したら、すべてが結びついて、いままで自分が信じてやってきたことが間違いやったと気づいたのです。

「歩くときも、ボールを投げるときも、どこかを止める意識なんてないですよね。ゴルフも同じなんです」（寺西）

ステップ打ちで動きを止めないスウィングを身につける

体の動きを止めたらあかん。40代後半になったとき、ボクはそれに気づきました。ケガをするのも、自然体で気持ちのよいスウィングができないのも、体を止める意識が原因だったのです。だったらやり方を見直すしかありません。本当に上手くなるためには、それまでの自分を崩す必要があったのです。

では、そこからボクが目指したのはどんなスウィングだったのか？　これを理解してもらうのに最適なのがステップ打ちです。右、左、右、左と、足踏みをしながらクラブを左右に揺らし、徐々にスウィングを大きくしていって、球を打つのです。そうすることで、体の一部を止める意識はなくなり、動きながら打つ感覚が養われます。さらに、自分にとって最適なリズムも見つかるし、手先でクラブを動かすこともなくなるのです。

このように書くと、「脚を使って体を大きく動かしてしまったら、軸がブレ、正確にボールをとらえられなくなってしまうじゃないか」と考える人がいるかもしれません。しかし、フィギュアスケートのスピンが回転することで軸ができるように、ゴルフのスウィングも動き続けることで軸ができ、パワーが生まれるのです。

軸というのは、動きを止めて作るものではありません。ダイナミックに動くことによって、自然にできるものなのです。どこかを止めて軸を作ろうとするほど、ムダな動きが生まれ、パワーが失われてしまうことを理解してください。

足踏みに合わせてクラブを揺らそう

それでは、ステップ打ちの方法を紹介しましょう。使用クラブはSW。いつもと同じように構えたら、足踏みに合わせてクラブを連続で左右に揺らします。左足を踏んでクラブを左に揺らし、右足を踏んでクラブを右に揺らしながら、徐々に振り幅を大きくしていくのです。そして、しっかり右に踏み込んでバックスウィングしたら、その流れのまま左に踏み込んで球を打ってください（次ページ参照）。

これが動きを止めないスウィングの基本
SWのステップ打ち

右足を踏んでクラブを右に揺らしながら、少しずつボールに近づいていく

左にしっかりと踏み込んで、クラブを左に振り出したら

フィニッシュまで振り切って

クラブを振り戻し、飛んでいくボールを見送る

動画で動きをチェックしてみよう！
https://my-golfdigest.jp/teranishi2021/

スマホなどで左記のURLを入力するか、QRコードを読み込むと、寺西プロのステップ打ちを動画で見ることができます。

一定のリズムを意識して打つ

「ステップ打ちは、球の高さ、方向、スピンが揃うのが理想ですが、まずはボールの行方を気にせず、同じリズムで振ることを意識してやってみましょう。上手く当たらない場合は、低めにティーアップして、ハーフスウィングくらいの小さな振り幅で打ち、徐々に振り幅を大きくしていくのがええと思います」(寺西)

ボールから少し(20～30cm)離れて構える

左足を踏んでクラブを左に揺らし(右足を踏んで、クラブを右に揺らしてスタートしてもOK)

右に踏み込んでバックスウィング

左に踏み込んでダウンスウィング

下半身を先行させる感覚をつかむ

ステップ打ちをするときに大切なのは、常に下半身の動きに対して、上半身とクラブが遅れてついてくるようにすることです。

左に踏み込んだら、クラブが少し遅れて左に振られ、右に踏み込んだら、クラブが少し遅れて右に振られる。つまり、踏み込む動作とクラブを振る動作に、ほんの少し時間差のある動きを目指してもらいたいのです。

多くの人が、踏み込む動作とクラブを振る動作を同時にやってしまうのですが、これでは動きもリズムも

安定しませんし、パワーも生まれません。いくらステップ打ちをしても、その効果が半減してしまうので注意してください。

この、下半身を先行させて動かす感覚を体感するには、左足に完全に乗り、フォローサイドにクラブを振り出した状態から、右足に体重を乗せてバックスウィングしてみるとよいでしょう。これをやると、体の動きに対して、クラブが遅れてついてくる感覚がわかるはずです。あとは、その感覚をステップ打ちに取り入れればいいのです。

右足に乗り込んで
バックスウィング
してみましょう

しっかり左足に体重を乗せ、クラブを左に振り出した状態から右足を踏んでバックスウィングすると、体の動きに対してクラブが遅れて上がる感覚がわかる

基本のスウィングは下半身で打つ

ゴルフのスウィングは、下半身を使ってしっかりと体重移動を行い、動きを止めずにクラブを振ることが大切やと、ボクは考えています。

動作としては、野球のアンダースローのようなイメージです。アンダースローのように、足を大きく踏み出すことはないけれど、体重移動を積極的に使って地面から力をもらい、それを上半身、腕、クラブ、そして、ボールへと伝えていくのです。

この感覚をつかむためにも、ステップ打ちは欠かせません。ボクは練習の前、ラウンドの前には必ずSWのステップ打ちをするのですが、ステップ打ちには、スウィングのすべてが詰まっていると言っても過言やないのです。

とはいえ、ボクも30代の頃は、下半身で打つことの大切さがわかっていませんでした。下半身を止めて上半身を回転させる。そんな動きを一生懸命やっていたような気がします。

当時はニック・ファルドが全盛で、そのコーチのデビッド・レッドベターが唱えたボディターン理論がもてはやされていました。これは、腕と体を一体にして体の回転で打てというものなのですが、ボディと言われたら、最初にイメージするのは上半身です。それをターンさせるわけですから、当時のボクは「腕と体を一体にして、上半身を右、左にターンさせればええんやな」と思ってしまったのです。

しかし、そんなことをしたら気持ちよくスウィングできるわけがありません。ヘッドだって走らないし、スライスが止まらなくなってしまうのです。それはボクだけやなかったと思います。ボディターンという言葉によって、下半身の動きを忘れ、上半身ばかりを動かして打とうとする人たちが、どれだけいたことか……。

もちろん、急なつま先下がりや、つま先上がりでは、そういう打ち方（下半身の動きを抑えて上半身の回転で打つ）をすることもあります。だから、当時やっていたことがまったくムダだったわけではありません。でも、歩くとき、走るとき、ボールを投げるときなど、どんな運動をするときにも下半身を使うように、やはり、基本のスウィングは、下半身を動かし、体重移動をしっかり使って打っていくことが大切なのです。

アンダースローのごとく
スウィングしよう

ゴルフのスウィングはアンダースローの動きに似ています。右にしっかり体重を乗せてから、左に体重を移動していくところ。テークバックで腕が上がり切る前に左へ踏み込んでいくところ。下半身が先行し、体に対して腕がインサイドから遅れて下りてくるところなどは、まさにゴルフスウィングと同じなのです。

アドレスは形より中身バランスと脱力が大切です

ここからは、ボクのスウィングに対する考え方や意識していることなどを、ポジション別にお話ししていきたいと思います。まずは、アドレスから。

アドレスというと、形にこだわる人が多いようです。レッスン書を読んでも、背筋を伸ばして構えるとか、前傾やひざの角度がどうとか、姿勢が正しい＝いいアドレスと教えるのですが、ボクは形よりも大切なものがあると考えています。

それは、バランスよく立てていることと、体のどこにも力みがなく脱力できていることです。この2つが整っていると、いつでもスムーズに動き出せて、スウィングの再現性も高くなります。プロでもアドレスの形は人それぞれですが、この2つは共通しているのです。

バランスよく力みのないアドレスを作るには、その場で数回ジャンプをしてから構えるとよいでしょう。スタンスを広げて前傾した状態から、真上に軽くジャンプして、ドンと着地する。これを繰り返すと、もっとも自然で、前後左右にバランスが取れた体勢になるからです。また、ジャンプを繰り返すと、自然と重心が下がってきます。重心が低くなれば、腕や肩など、上体の力みがスッと抜けて脱力できるという効果もあるのです。

いくら形（見た目）がよくても、筋肉がガチガチに緊張した状態ではスムーズに始動できないし、いいスウィングもできません。スウィングを見直すときには、まずバランスよく立てているか、ムダな力みの取れたアドレスができているかをチェックするとよいでしょう。

数回ジャンプしてから構えると、いいアドレスになる

ドライバーはソフトに
ウェッジはしっかりめに握る

アドレスでは脱力することが大切やと言いましたが、クラブを強く握りすぎていると、上体に力が入りやすくなるので注意します。とくに、両手の親指と人差し指に力を入れて握るのはよくありません。腕の筋肉の構造上、親指と人差し指に力が入ると、腕だけでなく、肩の筋肉まで緊張してしまうからです。

脱力したアドレスを作るためには、左手の小指、薬指、中指の3本と、右手の薬指、中指の2本を中心に握ることが大切。そうすれば、腕や肩に力が入ることなく、上体のリラックスしたアドレスが作れるはずです。

グリッププレッシャー（握る強さ）は、アイアンやウェッジで方向をコントロールしたいときは少ししっかりめ、ドライバーのようにヘッドを走らせて飛ばしたいときは、なるべくソフトに握ります。

よく、「ソフトに握るとクラブがすっぽ抜けてしまう気がする」という人がいるのですが、いくらソフトに握っていても、スウィングがスタートすれば、脳が反応して自然に力が入るもの。だから、アドレスから強く握る必要はありません。

とにかく、周りから「力んでいる」と言われる人は、クラブを握る指と、握る強さを見直す。それだけでも、スウィングは大きく変わってくるでしょう。

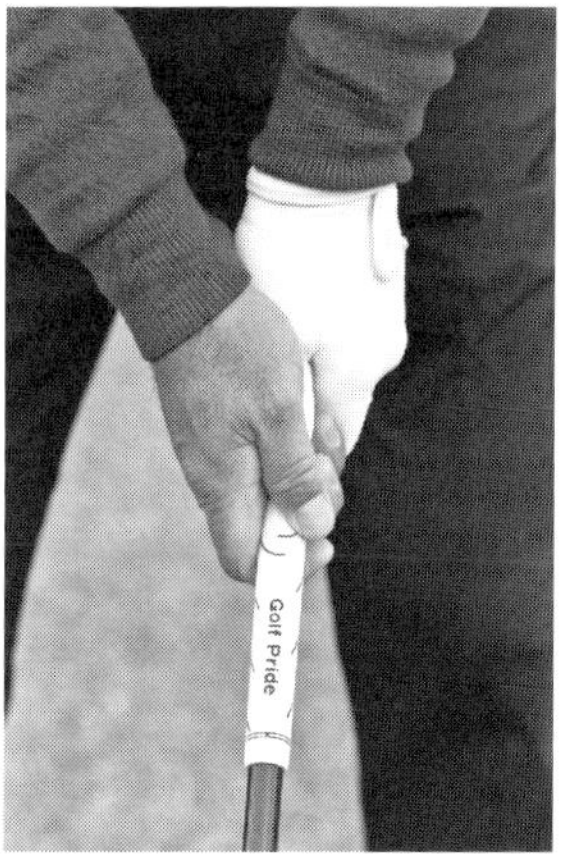

クラブは左手の小指、薬指、中指の3本と、右手の薬指、中指の2本を中心に握る

回転重視はスタンス狭め、体重移動重視は広め

基本的に、スタンス幅が広いと左右の体重移動がしやすく、体の回転はしにくくなります。逆に、スタンスが狭いと体の回転がしやすく、体重移動は小さくなります。だから、体重移動を重視して打ちたい人はスタンス広め、回転重視で打ちたい人はスタンス狭めが合っているといえるでしょう。

ちなみに、ボクは回転重視で打ちたいので、やや狭めのスタンスにしています。ただ、回転重視とはいっても、体重移動はしっかりと行います。下半身を使って打つためには、回転重視であろうと体重移動は絶対に必要だからです。

体重移動は、スタンスの広さに関わらず、右太ももの内側から、左太ももの内側の間で行うことが大切です。もし、体が両太ももの間から外れるほど体重移動をしてしまったら、スウィング軸が左右にブレてしまうので注意してください。

軸がブレれば、パワーが失われるだけでなく、クラブを振り遅れる、それを嫌がって急激に手を返すなど、ミスを呼ぶ動きにつながってしまいます。体重移動がないのはいけませんが、体重移動が大きすぎるのもよくないのです。

ゴルフスウィングは、体重移動と回転の組み合わせです。ボクの場合は、回転を重視しているので、その割合が体重移動よりも大きいだけ。割合は人それぞれなので、スタンス幅を変えながら、自分がバランスよく、スムーズに振れるバランスを見つけてください。

体重移動は、右太ももの内側から、左太ももの内側の間で行う

体がズレるほど体重移動をしてはいけない

ボールの前後にスパットを設定すると真っすぐ構えられる

目標に対して真っすぐ構えることは、基本中の基本です。しかし、コースに出るとさまざまな傾斜や、プレーヤーを惑わせる設計者の罠（ティーイングエリアがハザード方向に向いている、大きな木や深いバンカーがあるなど）によって、体の向きは狂いやすいものです。

これを防ぐには、ボールの前後にスパット（目印）を見つけ、それを結んだ線に対してフェース、肩、腰、ひざのラインをスクエアに合わせるとよいでしょう。スパットを２つ設定することで、目標に対して真っすぐな線がイメージしやすくなり、体の向きが狂うことを防いでくれるはずです。

よく、ボールの先にスパットを設定しろと言われますが、ボールの先のスパットだけだと、そこに意識がいって、右肩が前に出た構えになりやすいので注意してください。

練習するときには、ボールの前後20cmくらいのところに目印（テープやティーなど）を置いて球を打つと、2つのスパットに対してスクエアに構える感覚が磨かれるでしょう。また、その目印をなぞるように振ることで、正しいヘッド軌道もイメージしやすくなると思います。

ボールの前後に目印を見つけ、それに体のラインを揃える

アドレスでも動きを止めない

よく、ゴルフは静から動へのスポーツやから難しいと言われます。アドレスで静止した状態からスムーズに動き出す。そこに難しさがあるという意味です。

しかし、これは少し違うんやないでしょうか。完全に動きを止めてしまうから、動き出すのが難しくなるのです。動きを止めなければ、すでに動いているのですから、動き出す必要すらありません。つまり、静から動ではなく、動から動であると考えれば、ゴルフの始動の難しさはなくなるのです。

たとえば、テニスのプレーヤーや野球の野手は、相手からのボールが来るのを待っているとき、絶えず体を動かしています。これは、動き続けることで最初の一歩を踏み出しやすくするためです。もし、完全に動きを止めてしまったら、動き出すための時間が必要になり、ボールへの反応が遅れてしまうのです。

ゴルフも同じ。ボクは構えてから打つまで一瞬たりとも動きを止めないようにしています。アクションは決して大きくありませんが、左、右、左、右と、小さく足踏みをするように体を動かし、右足へ踏み込む動きをきっかけにテークバックしているのです。

ボクに限らず、プロはアドレスで完全に静止することはありません。一見すると止まっているように見えるかもしれませんが、みんなワッグルをしたり、重心を揺らしたりして、体の動きを止めないようにしている。だから、スムーズに始動できるのです。

いずれにしても、動きを止めるとゴルフは難しくなってしまいます。ケガをしにくい、効率がよい、自然体で振れるというだけでなく、ゴルフをやさしくするためにも、動きは止めないほうがいいのです。

「ボクは構えているときにも、常に動きを止めないようにしています」(寺西)

地面から力をもらってテークバックする

ボクは、小さく足踏みをする動きをきっかけにテークバックしていると言いましたが、これは地面からの反動を利用してスムーズに動き出すコツと言えます。

足踏みをしながら左に踏み込むと、その瞬間に地面から力が跳ね返り、力が右方向に働きます。テークバックでは、この右方向への力（＝地面からの反動）を利用して体重を右に移動し、クラブを右に動かしていくのです。

ちなみに、この左足を踏み込むとき、ボクにはフォワードプレスをしている感覚がありま す。フォワードプレスというのは、アドレスから手元をいったん目標方向に押し込んでからバックスウィングする動きのことです。フィル・ミケルソンや岡本綾子さんなどのテークバックを見ていただければ、どんな動きかわかってもらえるのではないでしょうか。

ただ、この話をすると、「いやいや。寺西プロは、そんな動きしとらんやないですか」と言われてしまいます。たしかに、ボクのテークバックを動画で見ると、ミケルソンのように手元を大きく目標方向に押し込む動きは見られません。アドレス時の足踏みもそうなのですが、フォワードプレスも動きが小さいために、外からは動きが見えへんのです。

意識していない動きを意識してやってはいけない

逆に、ボクのスウィングを写真や動画で見ると、フォローでフェースがターンしているはずです。でも、ボクには「フェースを返そう」とか「手を返そう」という意識はまったくありません。ムダな力を入れず、クラブの動きに任せてスウィングすれば、フェースというのは自然に返るものなのです。

このように、スウィング中の動きには、「意識してやっているのに目に見えないもの」と、「目には見えるけれど意識してやっていないもの」があります。写真（静止画）で見たプロの動きをマネしようとする人が多いのですが、「意識してやっていない動き」を意識してやろうとすると、ゴルフは決して上手くなれへんので注意してください。

丹田を右に回してバックスウィングする

バックスウィングをするときにボクが意識しているのは、おヘソの少し下にある〝丹田〟です。バックスウィングでは、左足から右足へ体重を乗せながら、この丹田を右に回していくのです。

丹田を右に回すと、下半身も胸も自然に右を向くので、それに連動して腕とクラブが動かされるようにします。手や腕を、体より先に動かすのはNG。ゴルフのスウィングは、あくまで体が先に動き、それにつられて腕とクラブが動かされることが大切なのです。

よく、「バックスウィングでは左肩を深く入れろ」

とか、「腰を右に回せ」などと言われますが、肩や腰を意識すると、その部分だけが動いて上半身と下半身が連動しにくくなるので注意します。その点、丹田を右に回せば、その動きに連動して下半身も胸も自然に右を向いてくれます。筋肉や関節はすべてつながっているので自然にそうなるのです。

ただ、丹田を右に回すというのはボクの感覚なので、みなさんは、おへそを回す意識でもいいし、おへそ周りの筋肉全体を回す意識でもいいと思います。いろいろ試して、自分が気持ちよく動かせるものを探ればええんやないでしょうか。

左足から右足に体重を移動させながら、丹田を右に回していく

飛球線に対してクラブを真っすぐ上げていく

バックスウィングは、手先でクラブを持ち上げるのではなく、左足から右足に体重を乗せながら丹田を右に回し、その動きにつられて腕とクラブが動かされるようにします。

このとき、クラブヘッドは飛球線に対して真っすぐ上がっていくようにしてください。基本的に、インパクトゾーンは、限りなくストレートに近い軌道でボールをとらえるのが理想です。ボクの場合、ボールの前後20～30㎝はヘッドを真っすぐ動かすイメージでスウィングしていますが、ヘッドを真っすぐ上げていくことで、その正しいインパクトゾーンを描きやすくなるのです。

練習をするときには、実際に打つボールの前後20～30㎝のところにボールを置き、後ろのボールの上をヘッドが通過するようにテークバックするとよいでしょう。

テークバックが常に同じところに上がれば、バックスウィングからトップまでの軌道も安定し、ダウンスウィング以降の軌道も安定するので、ぜひ試してみてください。

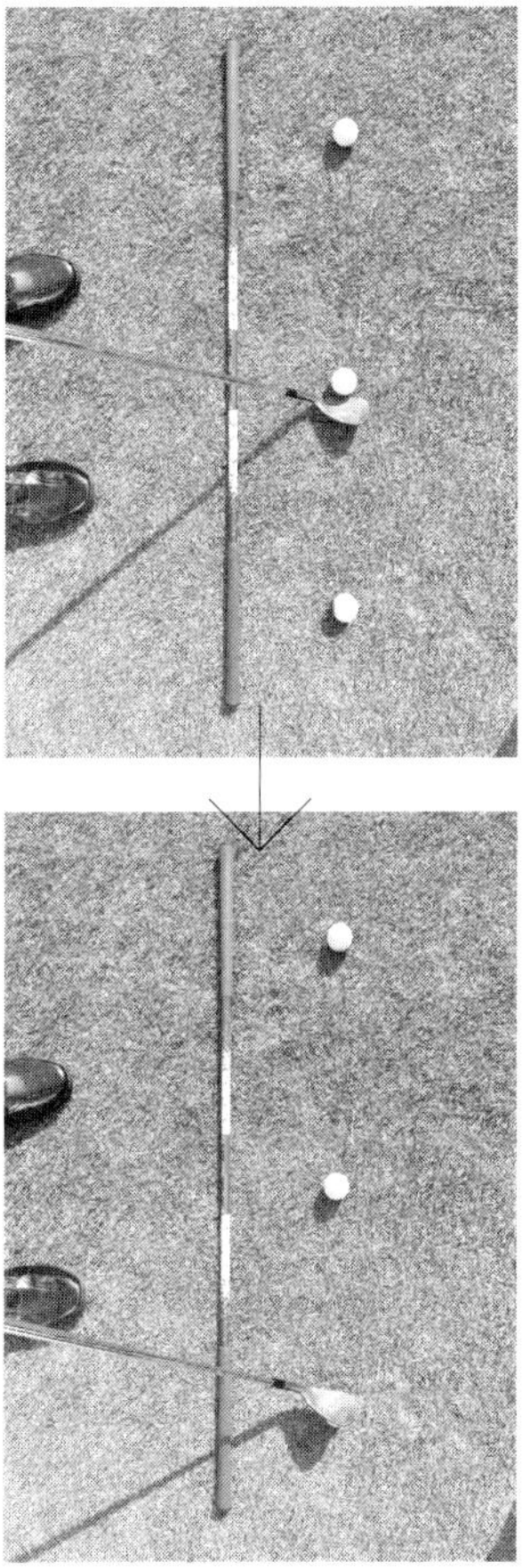

ボールの前後20〜30cmにボールを置き、後ろのボールの上をヘッドが通過するように上げる

ハーフウェイバックでは
フェースと前傾角度が平行になる

バックスウィングは、前傾角度をキープし、手先の力を使わず、体の回転で上げていくことが大切やと、ボクは考えています。これができると、ハーフウェイバック（シャフトが地面と平行になったとき）では、フェースが前傾した体と平行になります。

プロのなかには、「バックスウィングはフェースを開きながら上げ、ハーフウェイバックではトウが真上を向くのがスクエア」だと言う人もいますが、これはフェースローテーションを積極的に使う人のバックスウィングです。ボクは、フェースローテーションを抑えて体の動きを主体に振っていくので、ハーフウェイバックでは、フェースはややシャットめになる（フェースが少し地面を向く）のが正解なのです。

また、手とクラブは体の回転に同調して動くだけなので、手首をコックする意識はありません。バックスウィングは、ほぼノーコックで上がっていき、クラブがトップに上がり切る前に下半身を切り返すことで手首が自然にコックされる、という感じです。

この切り返しの動きについては、130～133ページでもう少し詳しくお話しすることにしましょう。

フェースローテーションを抑えてバックスウィングすると、この形になる

クラブを体から遠くへ離すように上げる

左足から右足へ体重移動しながら、丹田を右に回してテークバックする。そこからボクが意識しているのは、クラブをなるべく体から遠くへ離すように上げていくということです。これには、2つの理由があります。

1つめは、そうすることで、ダウンスウィングの入射角度をゆるやかにできるからです。入射角度がゆるやかになれば、インパクトゾーンが低く長くなり、ボールを長く押し込んでいくことができます。また、ムダなスピンを抑えられるので、低スピンで直進性の高い球を打ちやすくなるのです。

2つめは、切り返したときの上半身と下半身の捻転差を大きくできるからです。遠くへ上げるほど、体重をしっかりと右足に乗せやすくなります。そこから左足へ踏み込むことで、大きな捻転差を作りやすくなり、大きなパワーを引き出せるのです。

クラブを体から遠くへ離すためには、左腕を伸ばしながら、飛球線後方に押し込んでいくイメージがあるとよいでしょう。この動きができると、いつでも適正なトップのポジションに収まるとともに、スウィング軌道も安定してくるはずです。

クラブを体から離すように上げると、インパクトゾーンが低く長くなり、大きなパワーを生み出せる

体の近くに上げると、入射角が鋭角になる、インパクトゾーンが短くなる、パワーが失われるなどのデメリットがある

ヘッドの後ろに置いたボールを転がしながらバックスウィング

バックスウィングで、クラブを体から遠くへ離すように上げていく感覚をつかむには、次のようなドリルがおすすめです。

使用クラブはアイアン。いつもと同じようにアドレスしたら、ヘッドの後ろにボールを置き、それをバックスウィングの動きで後ろ（目標の反対方向）に転がすのです。その勢いのままバックスウィングしていけば、クラブは体から遠くへ離れるように上がり、適正なトップのポジションに収まるでしょう。

この練習をするときには、手先の力に頼らず、体全体でボールを転がすことが大切です。左から右へしっかりと体重を移動しながら、バックフェースでボールを押し込み、真っすぐ後ろに転がすようにしてください。

ボールが真っすぐ転がらないのは、手先の力でクラブをアウトサイド、もしくはインサイドに引いている証拠。それでは、クラブが体の近くに上がってしまうので注意します。

また、ボールが打席の外まで転がると危険なので、練習場で行うときには、ボールの代わりに、水の入ったペットボトルなどを使うとよいでしょう。

ヘッドの後ろに置いたボールを、バックスウィングの動きで真っすぐ転がす

バックスウィングで体をねじっても意味がない

ゴルフのレッスン書を読むと、バックスウィングでは「下半身を止めて、上半身をねじれ」などと書いてあったりします。ボクも、昔は「しんどいなぁ」と思いながらもそれを信じてやっていた時期がありました。でも、今は間違いやったと確信しています。

たしかに、上半身と下半身の捻転差が飛ばしに欠かせない要素であることは間違いないのですが、下半身を止めて上半身をねじると、ダウンスウィングではその捻転差をほどくような動きになってしまいます。すると、スピードが失われるだけでなく、クラブが外から下りやすいのです。

また、何度も言いますが、体の一部を止めると、筋肉が硬直してロックするので、体がスムーズに動かなくなります。つまり、下半身を止めて上半身をねじれば、ミスが出やすくなってしまうのです。

クラブが上がり切る前に左足を踏み込む

バックスウィングとダウンスウィングを切り離して考えるのもよくありません。クラブをトップまで上げていくのがバックスウィング、そこから下ろすのがダウンスウィングだと考えている人が多いのですが、上げる動作と下ろす動作は一連の動きやからです。

たとえば、106ページでも少し触れましたが、野球のピッチャーを見ると、ボールを持っている腕がテークバック方向に動いているうちに、足を目標方向に踏み出しているのがわかります。決して、腕をいちばん後ろに持っていってから、足を踏み出してはいないはずです。つまり、テークバックから足を踏み出すまでが一連の動作になっているわけです。

ゴルフも同じ。トップの形を作り、トップで止まってからクラブを下ろすのではなく、クラブがトップに上がり切る前に左足を踏み込み、下半身がダウンスウィング方向へ動き出すようにすることが大切です。

そうすることで、上半身と下半身が逆方向に動かされ、上半身と下半身の捻転差が最大となって、大きな飛距離を生むことができるのです。

左肩がアゴの下に入ったら左足を踏み込む

クラブがトップに上がり切ってから下ろすのではなく、クラブがトップに上がり切る前に左足を踏み込んでダウンスウィングに入っていく。すると、切り返した瞬間に、体の捻転差が最大になって、大きなパワーを生み出すことができます。

このように書くと、「トップで止まるプロもいるじゃないか」と思う人もいるでしょう。たしかに、松山英樹選手や宮里藍選手などはトップで止まっているように見えます。けれども、それはトップに向かって動いているクラブに対して逆方向の力が働くために、一瞬止まって見えるだけ。トップで止まって見える選手も、実際には一連の動作で、動きながら下ろしているのです。

クラブがトップまで上がり切って止まってしまったら〝時すでに遅し〟。そこから下半身を先行させて下ろすことは難しく、大きなパワーを生み出すことができなくなってしまうので注意してください。

では、どのタイミングで左足を踏み込めばいいのでしょう？　これは、人によって違うと思いますが、ボクの場合は、バックスウィングで左肩がアゴの下に入ったタイミング。左腕が地面と平行になるあたりで左足を踏み込んでいます。

この左足を踏み込むタイミングをつかむときにも、ステップ打ちが最適です。常に下半身を先行させ、足踏みに合わせてクラブを振りながら、自分にとっていちばん気持ちのいい切り返しのタイミングをつかんでもらいたいと思います。

左肩がアゴの下に入ったタイミングで

左足を踏み込んでいく

切り返したあとは丹田を左に回すだけ

クラブがトップに上がり切る前に左足を踏み込み、切り返しで捻転差を最大にする。この動きができたら、あとはその捻転差をなるべくほどかずに、丹田を左に回しながら、フィニッシュまで振り切るだけです。球を曲げるときなどは、脚の動きを意識する（変える）こともありますが、手を返したり、フェースをターンさせたりする意識はありません。

強いて言えば、インパクトゾーンではヘッドを限りなくストレートに動かしたいので、ボールの前後20～30cmはヘッドを真っすぐ動かすイメージはあります。

あとは
丹田を左に
回すだけ

でも、あくまでそのゾーンを通す（振る）イメージがあるだけで、何かをするわけではないのです。

左足をしっかりと踏み込んで、丹田を左に回していけば、それに連動して脚も胸もフィニッシュ方向に回転していきます。その動きによって腕とクラブは自然に動かされるので、切り返し以降は、体の回転を止めずにスウィングするだけでいいと考えてください。

もちろん、「それだと曲がってしまう」という人もいるでしょう。だからこそ、球を曲げる練習が必要なのです（P68～73参照）。球を曲げる練習をしておけば、球が曲がるメカニズムがわかるし、どんな構え、どんな軌道で振ると、どんな球になるかが体感できます。それがわかれば、球筋は自分で調節できるはずなのです。

手先でクラブを下ろす動きを直そう

ここまで説明してきた動きが正しくできれば、ダウンスウィングでは、体の動きに対して、腕とクラブが少し遅れて下りてくるようになります。

ところが、多くの人が手や腕の力でクラブを下ろしてしまうために、この動きが上手くできません。クラブの軌道がアウトサイドインになる人、スライスや引っかけが出やすい人などは、手先でクラブを下ろしている恐れがあります。これは大きなミスを引き起こす悪癖なので、しっかり直しておく必要があるでしょう。

練習方法としてはステップ打ちが基本になりますが、トップの状態から球を打つドリルもおすすめです。いつもどおりに構えたら、トップの形を作り、クラブをトップの位置に置いたまま、左足を強く踏み込んで球を打つのです。左足を踏み込んだ瞬間、腕とクラブが下半身に引っ張られるので、それに任せてクラブを下ろしていくのがポイントです。

また、バックスウィングを外に上げて、インから下ろすドリルも効果的です。いつもよりヘッドを遅らせてバックスウィングすると（ヘッドをアドレスの位置に置き去りにしたまま手元を先行させて上げていく感じ）クラブが外に上がるので、左腕が地面と平行になるあたりで左足を踏み込んで球を打ちます。ヘッドを遅らせて上げると、それ以上は手先で下ろせなくなるので、自然に下半身が先行した動きになりやすいのです。

どちらのドリルも、球がほんの少し右に出て、ドロー系の球になればＯＫ。左に出たり、スライスが出ているうちは、手で下ろしている証拠なので注意してください。

Drill 1

1 トップの形を作ったら
2 左足を踏み込んで
3 球を打つ

Drill 2

1 いつもより外に上げ
2 切り返したら
3 インから下ろす

ボールを見つめない。足は踏ん張らない。

よく、「頭を残してヘッドを走らせる」「左ひざを止めて左の壁を作る」「打ち終わるまでボールをよく見る」などと言われます。しかし、これらの意識は体の動きを止めることになるのでおすすめできません。ここまで何度もお話ししてきたように、動きを止める意識はミスやケガにつながってしまうからです。

ステップ打ちをするときには、頭を残す意識も、左ひざを止める意識もないはずです。それと同じで、左足を踏み込んでダウンスウィングに入ったら、丹田を左に回して、フィニッシュまで振り切るだけ。脚も頭も、その動作に任せておけばいいのです。

正直、ボクはボールもよく見ていません。イメージで言うと、ボールがあるあたりを水中眼鏡でぼんやりと見ているような感じでしょうか。ボールを睨《にら》みつけるように見ていたり、打ち終わった後もボールがあったところ見つめていたりする人がいますが、野球のバッターが、ボールがバットに当たった空間をいつまでも見ていたら不自然ですよね？　ゴルフも同じ。ボールなんてなんとなく見ていればいいのです。

両足の指で地面をつかむように踏ん張れという人もいますが、そんなことをすれば足にムダな力が入って自然体ではいられなくなります。歩くときや、走るときに、足裏で踏ん張ることがないように、スウィングをするときにも踏ん張る必要なんてないのです。ボクはスパイクレスシューズしか履きませんが、それも足を固定したくないからです。

ダウンからフォローにかけて左足がめくれる動きを嫌がるプロも多いのですが、ボクはそれだって構わないと考えています。無理にベタ足にしようとすれば、足首やひざを傷めかねません。それよりも、フィニッシュまでスムーズに体を回転させていくことのほうがはるかに大切だと考えているのです。

「ボールは水中眼鏡でぼんやり見るくらいのイメージです」（寺西）

ボールは右腰の前でとらえる

第1章でもお話ししましたが、「インパクトはアドレスの再現」という言葉は、とても危険な意識です。インパクトでアドレスの形を再現しようとすれば、下半身を止めて腕を振るような動きになります。すると、パワーが失われるだけでなく、クラブが外から下りてきて、スライスや引っかけが止まらなくなるからです。

基本的に、切り返しでできた捻転差（体がねじれた状態）をなるべくほどかず、丹田を左に回してダウンスウィングすると、上半身に対して下半身が先行し、腕とクラブが遅れた状態でインパクトを迎えます。つまり、アドレスの状態＝体が正面を向いた状態でインパクトすることはないのです。

よく、「ボールは体の正面でとらえる」などと言いますが、ボクの感覚としては、「（下半身がほぼ目標を向いて）右腰の前でボールをとらえる」という感じなのです。

ただし！　ボクのインパクトの写真や静止画を見て、その形をマネたりしないでください。インパクトの形はあくまで結果。ボクが意識しているのは、丹田を左に回すことだけで、その形を作ろうとはしていないからです。

ゴルフを静止画で考えると、正しい運動ができなくなります。スウィングは動きを止めないことが大切だと言いましたが、動きを止めて考えないことも大切なのです。

「ボールは右腰の前くらいでとらえているイメージがあります」（寺西）

フィニッシュも止まらない

さて、ここまでスウィングに対するボクの考えをお話ししてきましたが、最後にひとつお伝えしておきたいことがあります。それは、「フィニッシュでも止まらない」ということです。「クラブを振り切った形で静止しろ」なんて言われますが、そんなことをしても苦しいだけ。いいことなんて何もないからです。

タイガー・ウッズが気持ちよく振り切ったスウィングを見てください。フィニッシュの形からクラブを体の正面に振り戻し、クラブをクルクルと回して、ティーを拾っているはず。決して、フィニッシュの形のまま静止していることなんてありません。つまり、それこそが自然体のフィニッシュなのです。

ですから、みなさんもタイガーのように振り切ったら、ムダな力を抜いて、クラブを体の正面に振り戻し、飛んでゆくボールを目で追ってみてください。そんなフィニッシュが取れたら、きっとボールは狙ったところに、思い描いた弾道で飛んでゆくんやないでしょうか。

ここで
止まらず
ここまで
振り戻して
フィニッシュ

Akira Teranishi's Driver Shot Front View

第4章

ショートゲームがスコアの要

〜パット&アプローチ編〜

寺西明のドライバーの飛距離は３００Yを超える。
だから、なにかとその飛距離が注目されるが、
彼が本当に得意としているのはパットとアプローチだという。
では、彼はどんな意識と感覚でショートゲームに臨んでいるのか、
聞いていきたいと思う。

パッティングも止まったら負け

ボクは、パッティングにおいても体の動きを止めないことを大切にしています。ショット同様、体の動きを止める意識があるとスムーズに動けなくなってしまうからです。よく、「パッティングは下半身を固定し、土台を安定させてストロークしろ」などと言われますが、ボクはそれも間違いやと思っているのです。

たとえば、試合で一緒に回っている選手がショートパットを打つときに、「これは外しそうやな」と感じることがあります。そんなときは、決まって下半身の動きが止まっているものです。アマチュアの方でいえば、アドレスで〝お地蔵さん〟のように動けなくなってしまう人がいますが、そういう人のほとんどは、下半身をガッチリと固めているのです。

下半身をガッチリ固めてしまったら、体はスムーズに動きません。さらに、下半身を固めれば、上半身と手先でパターを動かすことになるので、ストロークが不安定になりやすいのです。だから、ボクには下半身を固める意識はないし、なんなら、「下半身なんて少しくらい動いたってええやないか」とさえ考えているのです。

とにかく、パッティングにおいても動きを止めてはいけません。パッティングだって、止まったら負けなのです。今まで下半身を止めていた人であれば、それをやめるだけでも、タッチや方向性がよくなる可能性があるので、ぜひ試してみてください。

「もし、下半身が動かないように固めて打ったほうがいいのであれば、スタンスを極端に広くして、腰をどっしりと落として構えたほうがいいはず。しかし、パットの名手と呼ばれる人に、そんな構えをしている人はいません。どちらかといえば、パット巧者にはスタンスを狭めにしている人のほうが多いのです」（寺西）

パッティングも体重移動して打つ

ショット同様、パッティングもセットアップから打ち終わるまで静止しないことが大切です。アドレスに入ると、完全に動きを止めてしまう人が多いのですが、いったん静止するとスムーズに始動できなくなるので注意してください。

ボクのアドレスを見ると、一見、止まって見えるかもしれません。でも、実際にはシューズの中で左、右、左、右と、小さく足踏みをするように足を動かし、動きを止めないようにしているのです。そして、ボクはその足踏みの流れのまま、右足を踏んでテークバック、左足を踏んで球を打っています。つまり、パッティングでも体重移動をしているのです。

このように書くと「パッティングで体重移動をするのか！」と驚かれる方がいるかもしれません。しかし、前述したように、下半身を固めたらスムーズなストロークはできなくなってしまいます。そもそも、テークバックでは腕とクラブは右に、フォローでは左に動くのですから、体重が移動するのは自然なことなのです。

もちろん、ショットのように大きく体重移動をすることはありません。でも、ボクのなかでは、確実に体重移動をする感覚があります。右の太ももの内側から、左の太ももの内側までの範囲で体重移動し、そのリズムのままにストロークしているのです。

右足を踏んでテークバック、左足を踏んでフォロースルー

強く握らないほうがスムーズにストロークできる

よく、「パットのときはしっかり握れ」などと言いますが、ボクはパットでも強く握ることはありません。具体的に言うと、左右の薬指と中指の４本でグリップをホールドし、他の指にはほとんど力を入れずに、ただ添えている、という感じでしょうか。

強く握らないとヘッドが暴れそうで怖いという人もいますが、ギュッと強く握ってしまうと、どうしても腕や肩が力んで、スムーズなストロークができなくなってしまいます。ボクは、スムーズにストロークすることが再現性につながると考えているので、なるべくソフトに、必要最低限の力で握っているのです。

ただ、これはあくまでボクの感覚であって「これだけが正解」というものではありません。自分でいろいろと試してみて、もっとも自然で、体の動きが止まることなく、スムーズにストロークできる強さを見つけることが大切やと思います。

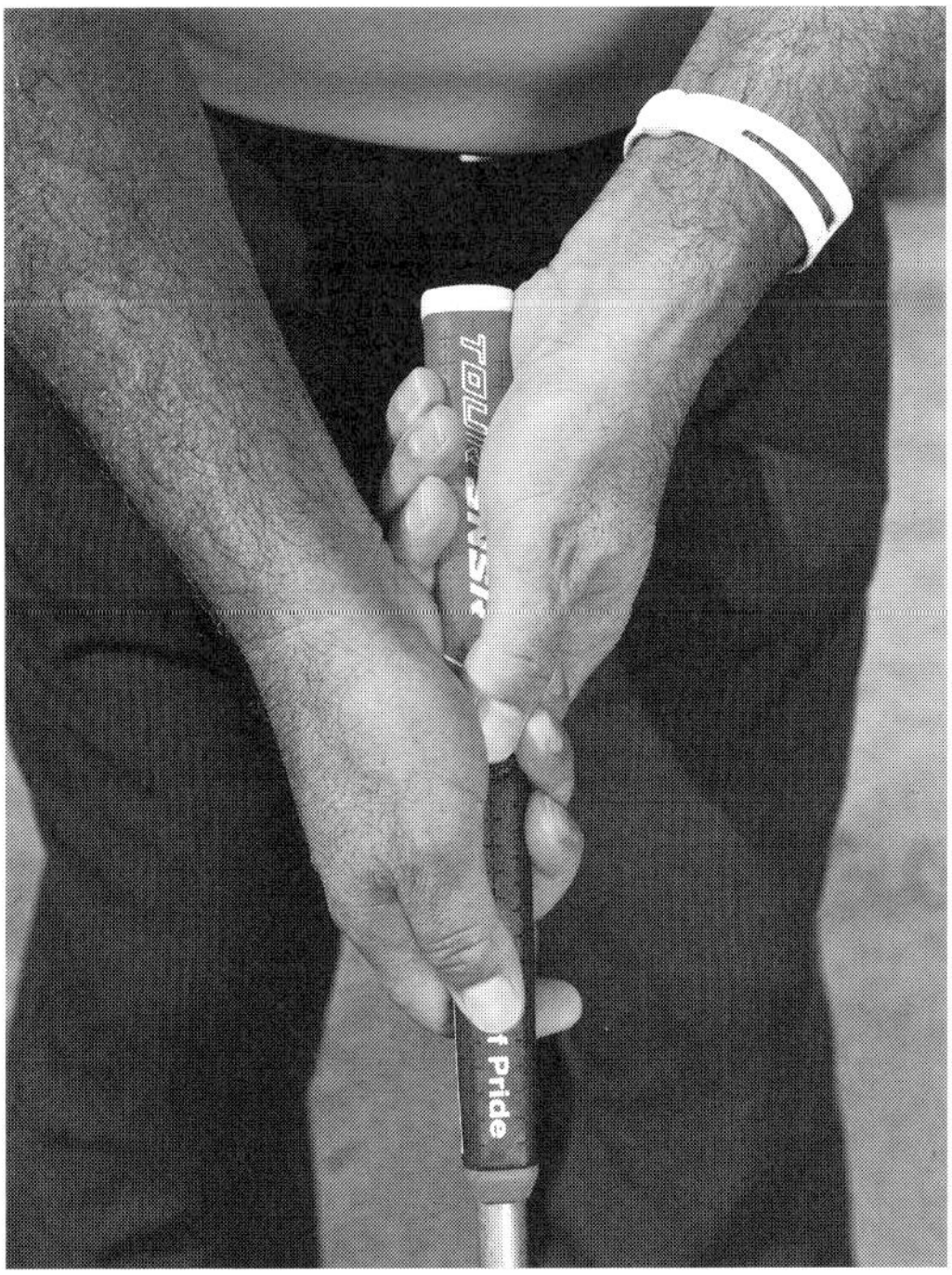

左右の薬指と中指でホールド。他の指はただ添えているだけ

パターは下から握りハンドアップに構えている

ボクは、パターをグリップをするとき、両手をグリップの下（裏側）から握るようにしています。これは、下から握ることによって、自然に両わきが締まった構えになり、一体感が出て、体でストロークしやすくなるからです。

プロのなかには、両わきを空けて構える人もいます。パッティングのスタイルは人それぞれなので、それを否定するわけではありませんが、ボクの感覚としては、両わきが空いているとヘッド軌道が安定しなくなってしまうのです。

パターを下から握るのには、もうひとつ理由があります。それは、少しハンドアップに構えて、パターを吊るようにして持ちたいからです。ボクは、アマチュア時代から、プレッシャーがかかったり、調子が悪かったりすると、ヘッドを地面に押し付けるような構えになるクセがあります。しかし、ヘッドを地面に押し付けてしまうと、腕や肩に力が入って、スムーズに始動できなくなるので、これを防ぎたいのです。

パターを下から握り、ハンドアップに構えたら、パターのソールを地面にベタっとつけるのではなく、ソールが芝にそっと触れているくらいの感覚で構える。これで、ボクのアドレスは完成です。

下から握り、ややハンドアップにして、ソールが芝にそっと触れるくらいの感覚で構えている

上から握るとわきが空いた構えになりやすい

右腕の橈骨《とうこつ》でフェース面を感じる

狙ったところに球を打ち出せない。引っかけたり、押し出したりしてカップを外してしまう、という悩みを持っている人は多いようです。これは、インパクト時のフェースの向きが安定していない証拠です。

基本的に、狙った方向に球を打ち出すためには、ラインに対してフェースをスクエアな状態でインパクトすることが大切です。そのためには、パターのフェース面を体のどこかで感じ取る必要があるのですが、みなさんは、どこでそれを感じているでしょうか？

よく言われるのは、左手の甲や、右手のひら（でスクエア感を出す方法）だと思います。でも、このやり方はあまりおすすめできません。なぜなら、手先というのはとても器用で繊細に動かすことができる反面、同じ動きを繰り返し行うことを苦手にしているからです。つまり、手の甲や手のひらでフェース面を意識してスクエア感を出そうとすると、フェースを安定してコントロールすることが難しくなってしまうのです。

また、左手の甲や右手のひらでコントロールしようと思ったら、どうしても手首をガッチリと固める必要があります。そうやって体の一部を固定すると、筋肉が硬直して、スムーズなストロークを阻害してしまうというデメリットもあるのです。

鈍感な部分でスクエア感を出す

では、ボクは体のどこでフェース面を意識しているのか。本音を言うと、これは企業秘密にしておきたいところなのですが、ボクは、右ひじの下から手首までの前腕。もっと詳しく言えば、右腕の〝橈骨《とうこつ》〟でフェース面を意識しています。この右腕の橈骨を、パターのシャフトと一体にして、その向きを変えずにストロークし、フェース面をスクエアにコントロールしているのです。

繰り返しになりますが、左手の甲や右手のひらなど、手先の筋肉は器用に動かせる反面、繊細すぎてコントロールが難しい。手首が敏感に反応して、インパクトのフェースの向きやロフトが不安定になりやすいのです。その点、橈骨＝前腕全体というのは鈍感なので、手先や手首が敏感に反応することも防げるし、フェースの向きも安定させやすいのです。

ただ、右腕の橈骨を意識するというのは、あくまでボクの感覚であって、絶対的なものではありません。人によっては、右腕ではなく左腕の橈骨のほうが意識しやすい場合もあるはずです。ですから、まずは左右両方試してみて、自分が気持ちよくストロークできるほうを選べばよいでしょう(左腕の橈骨を意識するときも、左ひじから下をシャフトと一体にして、その向きを変えずにストロークする)。

とにかく、敏感な部分を使うよりも、鈍感な部分を使ったほうがストロークは安定するということを覚えておいてください。

右腕の橈骨とシャフトを一体にして動かす

橈骨は前腕の親指側の骨

橈骨というのは、前腕（ひじから先）の2本の骨のうちの1本（親指側）のこと。これとシャフトを一体にしてストロークし、その向きを変えないことでスクエア感を出している

右腕の橈骨でイメージが出ない人は、左腕の橈骨でもOK

練習グリーンでは、まず自分の体の調子を整える

ボクがスタート前にやっているパッティングの練習法を紹介しましょう。はじめにやるのは自分の体の調子を整えることとです。体の状態は日によって変わります。また、なんの準備もなく、いつもどおりのストロークなどできるはずがありません。ですから、まずは自分の体を「普通に打てる」状態にすることが大切なのです。

使うボールは3つ。練習グリーンに着いたら、距離などは考えず、自分が気持ちよく感じる振り幅でリズムよくポーン、ポーン、ポーンと3球連続で球を転がします。最初は芯に当たらないし、距離もバラつくと思いますが、気にせず、それを繰り返してください。

すると、徐々に打点も距離も揃ってきて、ボールがほぼ同じ場所に集まるようになります。そうなったら自分の調子が整った証拠。ここまで来たら、次はグリーンの状態（スピード）のチェックに入ります。

気持ちのいい振り幅で打ったときの距離を歩測しておく

グリーンの状態をチェックするといっても、やることは同じです。なるべく平らなラインを見つけ、自分が気持ちのいい振り幅でストロークし、3球続けて球を転がすのです。ただ、今度はそのときに、どのくらい転がったかを歩測してチェックします。これを毎回ラウンド前に行えば、その日のグリーンが普通の速さなのか、いつもより速めなのか、遅めなのかがわかるというわけです。あとは、その気持ちのいい振り幅の距離を基準にして、距離が短いときは小さめの振り幅、距離が長いときは大きめの振り幅というように足し算、引き算をすれば、実戦の距離感も合わせやすくなるでしょう。

気持ちのよい振り幅で3球続けて打ち、どのくらい転がるかチェックする

カップを狙うときは1点を狙う

体の調子を整え、グリーンの速さをチェックしたら、次はカップを使って練習します。といっても、ただ漠然とカップを狙い、入った、入らなかったと一喜一憂していても意味はありません。カップを狙うときに大切なのは、1点を狙って練習をすることです。

たとえば、ストレートのラインであれば、ただカップに入れるのではなく、カップの右半分から入れる、左半分から入れる、右端から入れる、左端から入れるというような練習をしておくのです。すると、実戦でわずかなフックライン、スライスラインが残ったときに役立ちます。実際に曲がるラインを見つけて練習をしてもいいのですが、ストレートなラインであっても、どこを狙うかで、曲がるラインの練習はできるのです。

ビリヤードで、手球を的球に当てて思った方向へ転がすには、1点を正確に狙う必要があります。パッティングも同じで、集中して1点を狙う練習をしておくことで、実戦でも狙ったラインに正確に打ち出せるようになるというわけです。この練習は、パターマットなどでも簡単にできますので、みなさんもぜひ実践してもらいたいと思います。

ヘッドカバーをカップに見立て、その右端、左端を狙うというような練習もおすすめ

ボクはSW1本でほとんどのアプローチをこなしています

ボクは基本的に60度のSW1本で、グリーン周りのアプローチのほとんどの状況に対応しています（2段グリーンの段を上がったところにカップが切ってあって、転がし上げるしかないときなどはAWを使うこともあります）。

これは、状況に応じて何本かのクラブを使い分けるより、1本のクラブで球筋や距離を打ち分けたほうがシンプルでやさしいからです。もちろん何本かのクラブを使い分けるのも間違いではないし、そのほうがやさしいと感じる人もいると思います。ただ、ボクの場合は、転がすアプローチからフワリと上げるアプローチまで、SW1本で打ち分けたほうがイメージは出しやすいし、距離感も合いやすいのです。

プロの場合、シーズン中であれば、毎日のようにコースで練習やラウンドができますが、アマチュアはそういきません。ボクもアマチュアでやっていた頃は、練習量もラウンド数もホンマに限られていました。だから、使うクラブを1本に決め、それで打ち分けるほうが、技術を覚えるのに時間がかからない＝効率がよいと考えているのです。

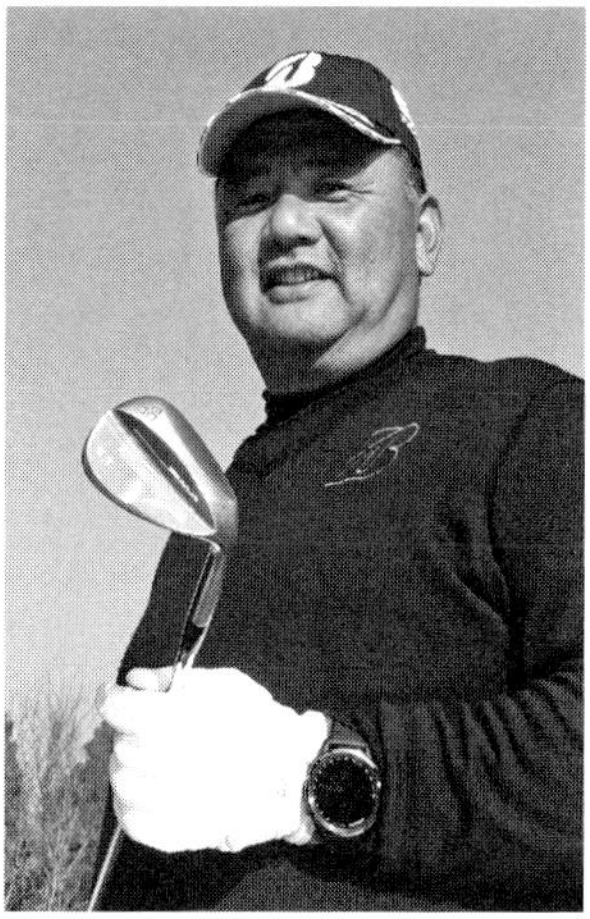

「ボクは、これ1本でほとんどの状況を寄せています」（寺西）

基本のピッチエンドランを身につける

ボクがやっている基本のピッチエンドランの打ち方を紹介しましょう。まず、スタンス幅ですが、30Yであれば、両足の外側が肩幅くらい。体重を少し左にかけ、ボールは真ん中より少し右（右足内側のライン）に置いています。この構えができたら、あとはショット同様、右足を踏み、丹田（おヘソの少し下）を右に向けてテークバック、左足を踏み、丹田を左に向けて球を打つのです。

ここで大切なのは、腕とクラブはあくまでも体の回転に連動して動かされるということです。プロや上級者を見ると、動きがスムーズで滑らかなことがわかります。これは、クラブを手先ではなく体で動かしている証拠です。

ところが、アプローチの苦手な人というのは、上手く当てようとすればするほど、体のどこかをガッチリと固め、手先の力で動かしてしまう。だから、動きがぎこちなくなるし、クラブが急加速したり、減速したりして、大きなミスをしてしまうのです。

たとえば、手でボールを投げてカップに寄せようと思ったら、自然と下半身を使い（体重移動をして）、腕を前後に揺らして放るはず。アプローチも同じです。下半身を止めることなく、体で腕とクラブを揺らしてスウィングすることが大切なのです。

ショット同様、体重移動と丹田の動きで打つ

いろいろな遊びをするとアプローチが上手くなる

基本のピッチエンドランの打ち方を覚えたら、球の高さをいろいろと打ち分けてみましょう。この方法については76～79ページを参考にしてください。

アプローチが上手くなりたかったら、いろいろな遊びをすることが大切です。同じ距離を高さの違う球で狙う。グリーンのずっと手前から転がし上げる。グリーン手前のノリ面にぶつけて勢いを殺して乗せるなど、いろいろな球で目標を狙う練習をしておくと、球の扱いが上手くなるし、実戦でも役に立つと思います。

距離が短いときはスタンスを狭め、長いときは広めに

次に、距離の打ち分けですが、これは短い距離を打ちたいときほどスタンス幅を狭く、長

い距離を打ちたいときほどスタンス幅を広くするのがポイントです。

たとえば、両足をピッタリとくっつけた狭いスタンスでフルスウィングをすると、すぐにバランスを崩してしまうはずです。だから、スタンス幅を狭くすれば、おのずと振り幅は小さくなり、距離を落としやすくなるのです。逆に、スタンス幅を広くすれば土台が安定し、体重移動が大きくなるので、自然と振り幅は大きくなり、距離が出しやすくなります。

また、ピンまでの距離は同じでも、転がしていく場合には、キャリーを出す必要がないので、スタンスは狭めにして打つ。高く上げるときはキャリーが必要なのでスタンス幅を広くして打つということも理解しておくとよいでしょう。

距離によって、スタンスの幅を変える

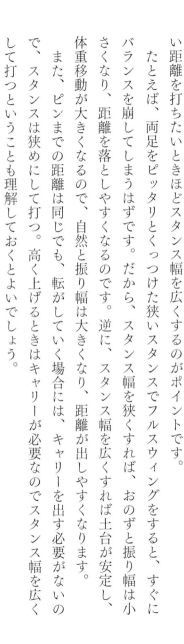

ボールをトウ寄りに置いて左へ飛ぶミスを防ぐ

ボクがアプローチのときにしている工夫を紹介しましょう。それは、ボールを少しトウ寄りにセットして、トウ寄りで打つということです。

ロフトの大きなＳＷは、リーディングエッジをスクエアにセットすると、フェースが少し左を向いた状態になります。さらに、センターよりもヒール寄りで打つと、当たった瞬間にフェースが左に回転して（フェースがかぶり）、より左に飛び出してしまう……。つまり、ＳＷというのはそれだけ左に飛びやすいクラブと言えるわけです。

この左へ飛ぶミスを防ぐために、ボクはボールを少しトウ寄りにセットし、少しトウ寄りでヒットしています。トウ寄りで打てば、当たった瞬間にフェースが右に回転します（開く方向に動く）。すると、左に飛ぼうとする力と相殺されて、目標に真っすぐ飛ばせるのです。

とくに、手先でクラブを操作すると、ダウンで体の右サイドが前に出て、ボールと体との距離が近づき、ヒール側に当たりやすくなります。たとえば、ライが悪かったり、プレッシャーがかかったりすると、プロでも手先が動いてヒール寄りに当たりやすくなるのです。でも、ボールをトウ寄りに置いておけば、打点が少しヒール寄りにズレても、フェースセンターでヒットすることができます。トウ寄りに置いて構えるのは、そういう悪い動きが出たときの〝保険〟でもあるのです。

「ボクは、ボールをトウ寄りに置いて構えています」(寺西)

バンカーショットはいつもより重心を低くして構える

バンカーショットの打ち方はプロでも人それぞれで、正解はひとつではありません。ですから、ここではあくまでボクがやっている方法を紹介したいと思います。

まず、ボクがバンカーショットをするときには、通常のアプローチよりも重心を低くして構えています。これには2つの理由があります。1つは、足場を安定させるためです。バンカーは足場が軟らかく不安定なので、重心を下げて足元を安定させ、ヘッドを入れるポイントを安定させているのです。

もうひとつは、フェースを開くためです。基本的に、アプローチと同じ構えのままフェースを開くと、ヘッドのヒール側が浮いてしまいます。これを防ぐには、フェースを開く度合いが強くなるほど、ボールから離れて立ち、重心を下げて構える必要があるのです。

基本的に、重心を下げて構えるほどヘッドはアップライトに上がり、上から入りやすくなります。よく「バンカーは上から打て」などと言いますが、アドレスで上から入る準備ができているので、それ以上、上から入れる意識は必要ありません。上から入れすぎると、ヘッドが砂に深く潜って抜けにくくなるので、どちらかといえば、ボクはいつもよりフラットに振るくらいの意識でスウィングしているのです。

バンカーの構え

アプローチの構え

バンカーショットでは、通常のアプローチよりも、両ひざを曲げ、重心を落として構える

バウンスの小さいウェッジはフェースを開いて構える

ボクは、バンカーショットをするとき、フェースを開いて構えています。これは、フェースを開くことでソールのバウンスを利用できるからです。バウンスというのは、ソール部分のふくらみのこと。フェースを開くと、このバウンス（ふくらみ）が強くなり、ヘッドが砂に潜りにくくなるとともに、砂とボールを飛ばしやすくなるのです。

また、フェースを開くことで、ヒール側からヘッドを入れやすくなるという効果もあります。バウンスのふくらみというのは、ソールのリーディングエッジ側（フェース側）でなく、後ろ側に向かって大きくなっています。この部分を使うためには、ヒール側から砂に入れていったほうがやりやすいのです。基本的に、バウンスが大きいウェッジであればフェースを開く必要はありません。でも、ボクのウェッジはバウンスが小さいので、フェースを開き、バウンスを強く使う必要があるのです。

バウンスの小さいSWは開かないと、砂に刺さりやすいので注意

バンカーも体重移動を使って打つ

それでは、ボクのバンカーショットを、アドレスから順を追って説明しましょう。まず、フェースを少し開き、少しオープンスタンスにしたら、重心を下げて構えます。ボール位置は左かかと前が目安です。

オープンスタンスにするのは、フォローを振り抜きやすくするためです。重心を下げたとき、スクエアスタンスのままだと、左脚が邪魔になって振り抜きにくくなるので、これを避けているのです。といっても、ボクの場合、極端なオープンスタンスにすることはありません。左足を少し後ろに引いて、両足のラインを目標の少し左に向ける程度。肩や胸のラインはほぼスクエアにしています。

この構えができたら、ボールと目標を結んだ線に沿って真っすぐ振っていきます（スタンスに対しては少しインサイドアウトになる）。スウィングは、基本的にショットと同じ。右足を踏んで、丹田を右に向けてバックスウィング、クラブがトップに上がり切る前に左足を踏み込み、そこから丹田を左に向けながらクラブを振っていくのです。

ヘッドを砂に打ち込むだけだとヘッドが刺さりやすくなるので、打ち込んで終わりではなく、フォローまでしっかりと振り抜くようにしてください。

「『バンカーは下半身を固めて手で打つ』なんて大間違い。脚を使わないとバンカーだって安定しませんよ」(寺西)

バンカーショットは目標に向かって真っすぐ振る

よく、「バンカーショットはカットに振るものだ」と思っている人が多いのですが、カットに振ると、ヘッドが上から鋭角に入り、砂に深く潜って振り抜きが悪くなってしまいます。また、バンカーショットはボールを直接打たないので、ボールは振った方向に飛び出します。だから、飛球線に対して真っすぐ振るのが正解なのです。

ダウンスウィングでは、ヘッドをややインサイドから入れる意識があると、ゆるやかな軌道で砂ごとボールを目標に運ぶことができます。軌道がゆるやかになると、ヘッドが砂に深く潜ることがなく、フォローまで振り抜いていけるので、ボールを遠くまで飛ばせるのです。

また、「バンカーショットは砂を飛ばすショットだからパワーが必要だ」「バンカーショットはアプローチより力を入れて打たなくてはいけない」と思っている人も多いようです。しかし、一般男性より筋力のない、ヘッドスピードが40m／秒未満の女子プロやジュニアだってちゃんと脱出できるのですから、バンカーショットに力などいらないのです。

バンカーは力を入れるほど出なくなる

逆に、強く打ち込もうとするほど、腕や手にムダな力が入って、ヘッドよりも手元が先行しやすくなります。手元が先行すれば、リーディングエッジから砂に入りやすくなり、ヘッドは砂に刺さりやすくなる……。つまり、力を入れれば入れるほど、バンカーショットは出なくなってしまうのです。

バンカーショットのコツは、インパクトゾーンでヘッドを走らせ、手元よりもヘッドを先行させることにあります。そのためには、余計な力を入れてはいけません。ムダな力を抜いて、手首を柔らかく使い（少しコックを使ってバックスウィングし）、ヘッドの重さを利用して下ろし、ヘッドを走らせるのです。ヘッドを振り抜いたあと、そのヘッドを追いかけるようにボールが飛び出したらヘッドが走った証拠。そのためには、自分が頑張るのではなく、ヘッドに仕事をさせることが大切なのです。

気持ちのよい振り幅で打ったときの距離を把握しておく

バンカーから確実に出せるようになったら、距離を打ち分けるのはそれほど難しいことではありません。ポイントは、自分が気持ちよく感じる振り幅でポンと打ってみて、キャリーで何ヤードくらい飛ぶのかを知っておくことです。

たとえば、自分が気持ちよく感じる振り幅が肩から肩までの高さだったら、それで何球か打って、何ヤードキャリーするのかをチェックしておくのです。あとは、残った距離に応じて振り幅を足し算、引き算するだけで距離は打ち分けられるようになるはずです。

ただし、バンカーの砂の質や量はコースによって違うので、同じ振り幅で打っても常に同じ距離が出るとは限りません（硬く、砂の少ないバンカーは距離が出やすく、軟らかく、砂の多いバンカーは距離が出にくい）。ここには経験が必要になるのですが、バンカー練習場のあるコースの場合は、スタート前にその砂の質を確かめておくことも大切でしょう。

いずれにしても、距離感を出すためには、基準となる距離を知ることが大事です。この基準がないとインパクトでパンチが入ったり、ゆるみが出たりして大きなミスにつながってしまうので注意してください。

バンカーショットのポイント

POINT 1
バウンスの小さいSWはフェースを開く

POINT 2
スタンスはややオープン
（フォローで振り抜くとき左脚が邪魔になるから）

POINT 3
重心を下げる
（足場を安定させ、フェースを開きやすくするため）

POINT 4
ターゲットラインに対して真っすぐ振る
（カットに振らない）

POINT 5
手首は柔らかく使う

POINT 6
打ち込んで終わりではなくフォローまで振り抜く

ボクが賞金王になれたのは髙橋勝成さんのおかげです。

寺西明は、常々「自分が賞金王になれたのは髙橋勝成さんのおかげ」だと言う。ツアーの大先輩と練習ラウンドやオフの合宿を共にするなかで、寺西は、どんな影響を受け、なにを得て来たのか、語ってもらうことにしよう。

あれは、シニアツアーに参戦して2年目でした。前の年まで一緒に練習をしていた人たちがツアーの出場権を失くして、練習ラウンドの相手がいなくなってしまったのです。そのとき、ボクから髙橋さんに「一緒に回っていただけませんか?」と声をかけたのが始まりです。

ボクにとっての髙橋さんは、「テレビのなかの人」でした。ツアー14勝を誇る実績はもちろんですが、テレビのなかで活躍するあこがれのプレーヤーだったのです。ただ、同じ兵庫県在住ということもあり、ボクは勝手に親しみを感じていました。そこで、恐れながらラウンドをご一緒させていただきたいと申し出たというわけです。

その後、シーズンオフの合宿などもご一緒させていただくようになり、そこに後輩の中山正芳や、21年からは細川和彦も加わって、ボクらはチーム髙橋として行動を共にしています。

よく、「髙橋さんのどんなところが参考になります

細川和彦
Kazuhiko Hosokawa

70年生まれ。茨城県出身。レギュラー時代は、柔らかなスウィングを武器に8勝を挙げる。21年シーズンにシニアデビューし、チーム髙橋に合流した。

髙橋勝成
Katsunari Takahashi

50年生まれ。北海道出身。ツアー通算14勝、シニア通算14勝。日本プロマッチプレーを2度制し、「マッチプレーの鬼」と呼ばれたレジェンドプレーヤー。

中山正芳
Masayoshi Nakayama

68年生まれ。北海道出身。レギュラーツアーでは目立った活躍がなかったが、シニアデビューし、チーム髙橋に入って開花。2020年、日本プロシニアでプロ入り初勝利を挙げた。

か？」と聞かれるのですが、なによりも髙橋さんの球はえげつない。あんなストレートな球を打つ人はほかにはいないいんじゃないでしょうか。とにかく、ショットに関しては群を抜いていると思います。

若い頃に試合を見に行ったときも、「曲がらへんなぁ、この人！」と思っていましたが、いま一緒に回っていても、クラブの入り方からなにから、あんなにパーフェクトな人はいません。たとえば、ティーショットで40〜50ヤード差をつけても、そこからユーティリティを使って、ボクがショートアイアンで打った球の内側につけてくるのです。まったく、「どうなっとるんや」と思います。

それと、いまの時代に合ったスウィングを昔からしていたというのがすごい。最近、シャローイングなどという言葉がはやっています。これは、ダウンスウィングに切り返したとき、シャフトを後ろ（背中側）に倒して、入射角度をゆるやかにする動きのことですが、髙橋さんはまさにその動きをしています。それも、若い頃から自然にそうなっているのです。

ボクらはよく「時代が髙橋さんに追いついた」なんて話しているのですが、あの方に会って「スウィングってこういうもんなんやなぁ」とか、「これがプロの球なんやなぁ」というものを教えてもらった気がします。

ボクが髙橋さんをリスペクトする理由は、技術だけにとどまりません。いちばん影響を受けているのは、ゴルフに対する向き合い方です。髙橋さんは、本当にゴルフが好きなのです。

好きだからこそできることがあると、ボクは思います。長くできることもそうだし、長く続けたいからこうせなあかんということもある。それを教えてくれたのも髙橋さんでした。髙橋さんはよく、「俺は、試合で勝てなくなったらゴルフをやめる」と言っているのですが、そういうところを含めて、すべて尊敬できるし、参考になる。なかなかできることやないと、ボクは思います。

髙橋さんは、大事なときにひと言、アドバイスをくれます。これがボクらにはとても参考になります。同じアドバイスでも、押し付けだったり、感覚の合わないアドバイスだったりすると、逆効果になることも多いものです。でも、髙橋さんはボクらの感覚まで見抜いてアドバイスをくれるので、ものすごく参考になる。ホンマ、ありがたいことやと思います。

2020年には、中山がシニアツアーでプロ入り初勝利を挙げましたが、その試合に勝てたのも、スタート前に髙橋さんにもらったアドバイスのおかげやそうです。そのアドバイスのおかげで、ショートアイアンのブレがなくなり、やることなすことすべて上手くいったのだとか。でも、どんなアドバイスをもらったのかは企業秘密やそうです。

2020年は、ボク個人としても、日本シニアオープンに勝ち、最終的には賞金王になれた最高の年でした。中山が試合に勝ったあと、ボクらは髙橋さんを囲んでささやかな食事会を行いました。その席で髙橋さんは、

「俺は、プロになったときからひとりでやっていこうと決めてたんだ。でも……（こうやって3人でやるようになって）……チームでやるのもいいものだね」

と、言ってくれました。嬉しかったですね。こんなに尊敬している方から、そんな言葉をもらえるなんて。ホンマ幸せやなぁと思いました。

練習のとき、一緒にラウンドをするとき、ボクらはいつも笑いながらプレーをしています。よく、しかめっ面をして「一生懸命やってます」というオーラを出している人がいますが、そんなことをしたって誰も認めてくれないし、そんな人に誰も魅力は感じません。人生には笑顔がないとダメやと、ボクは思っています。「笑う門には福来る」と言いますが、笑顔の先に、次があるんやないでしょうか。

そんな笑顔の溢れるチーム髙橋で、これからも切磋琢磨していきたいとボクは思っています。ですので、髙橋さん、これからもどうぞよろしくお願いいたします。

寺西　明

Akira Teranishi's Driver Shot Back View

あとがき

いかがでしたか。ボクの話は、みなさんの参考になったでしょうか？　なかには、いわゆる常識とかセオリーに反するものもあったと思います。だから、「それはおかしい」「そんなはずはない」と感じる人がいたかもしれません。でも、柔らかい脳で、ぜひ一度試してもらいたいのです。ゴルフが上手くなりたかったら、何でも一度は試してみる。そういう姿勢が大切だとボクは思うからです。

基本的に、ゴルフには唯一絶対の正解というものがありません。ドローもあれば、フェードもある。そのなかでもハイドローとロードドローでは打ち方が違います。さらに、グリップも人それぞれで、ウィークグリップとストロンググリップでは理論が全然違うわけです。

これを混同するとゴルフは難しくなります。ドローのプロと、フェードのプロでは正解が違うのですから、それを混ぜてしまえば上手くいかなくなるのは当たり前なのです。だからこそ、自分で試してみて、合わないものは合わないと判断する。自分の体がノーだと感じるものは、それが常識とかセオリーと呼ばれるものであっても、ノーと判断する。そういう勇気というか、自分の感覚や感性を信じる力が必要だと、ボクは思います。

もちろん、それはボクの言ったことに対しても同じです。この本に書いたことが、すべてのゴルファーに当てはまると、ボクは考えていません。だから、試してみてダメだったら、それはそれでいいのです。他人が決めた常識やセオリーにしばられるのではなく、自分自身の基本、セオリーを作り上げる。それができたゴルファーこそが上手くなるのだと、ボクは思います。

ボクは、自分の会社を立ち上げるためにゴルフを始め、ゴルフの魅力にハマり、自分のため、家族のため、会社のため、がむしゃらにここまでやってきました。でも、日本シニアオープンというメジャータイトルを取り、日本の賞金王になったからには、ゴルフ界に恩返しをせなあかん、と思っています。

たとえば、九州などは有志によって試合が一年中行われています。試合の規模は小さくても、それが一年中あれば選手のモチベーションを高いまま保つことができます。だから、九州の選手は強いし、研修生やトップアマも上手くなる。さらに、そこでマナーやルールなども教えているから、礼儀正しいプレーヤーが育つ。それは素晴らしいことやと思います。

そういうことをボクは関西でやりたいのです。小さくてもいいから、戦える場を作りたい。マナーなども教育しながら、若いプロたちがプロとして生きていく術、社会人として生きていく術を学べる場を提供する。そういうことをゴルフ界だけでなく、経済界の方たちを巻き込んで、発信していきたいと考えています。

また、個人的な目標としては、ここまで5年連続で優勝できているので（21年5月現在）、この記録を60歳まで続けていきたい。そのためには、また日々精進していかなあかんと、ボクは思っています。

最後に。今までボクにお力添えくださった、たくさんの方々。そして、従業員と家族のみんな。本当に感謝しています。ボクは、まだまだ夢の途中。達成していない目標に向かって突き進んでいきますので、これからも応援よろしくお願いします。

寺西　明

寺西 明 Akira Teranishi

てらにし　あきら。1966年3月生まれ。兵庫県出身。中学卒業後、鉄鋼関係の会社に就職、溶接などの仕事に就く。その後、さまざまな仕事を経験し、32歳で㈱明完企工を立ち上げる。ゴルフを本格的に始めたのは30歳になる直前。そこから、2年目にはシングル入りし、競技ゴルフの世界に入る。08年に日本アマに初出場、11年関西ミッドアマ優勝、14年関西アマ優勝など多くのタイトルを獲得。15年、49歳でプロテストに一発合格し、プロ入り。16年からはシニアツアーに参戦し、17年にツアー初優勝を飾る。20年には日本シニアオープンを制し、同年の賞金王に輝く。ドライバーの飛距離は300Yを超えるが、得意なのはパットとアプローチだという。

30歳から
ゴルフを始めた
賞金王

2021年6月28日　初版発行
2022年1月14日　第2刷発行

著者	寺西 明
発行者	木村玄一
発行所	ゴルフダイジェスト社 〒105-8670　東京都港区新橋6-18-5 ☎03-3432-4411(代表) ☎03-3431-3060(販売部)
e-mail	gbook@golf-digest.co.jp
URL	www.golfdigest.co.jp/digest 書籍販売サイト「ゴルフポケット」で検索
印刷・製本	株式会社　光邦

定価はカバーに表示してあります。乱丁、落丁がございましたら、
小社販売部までお送りください。送料小社負担でお取替えいたします。

ISBN 978-4-7728-4192-4　C2075